戦争と平和　ある観察

［増補新装版］

中井久夫

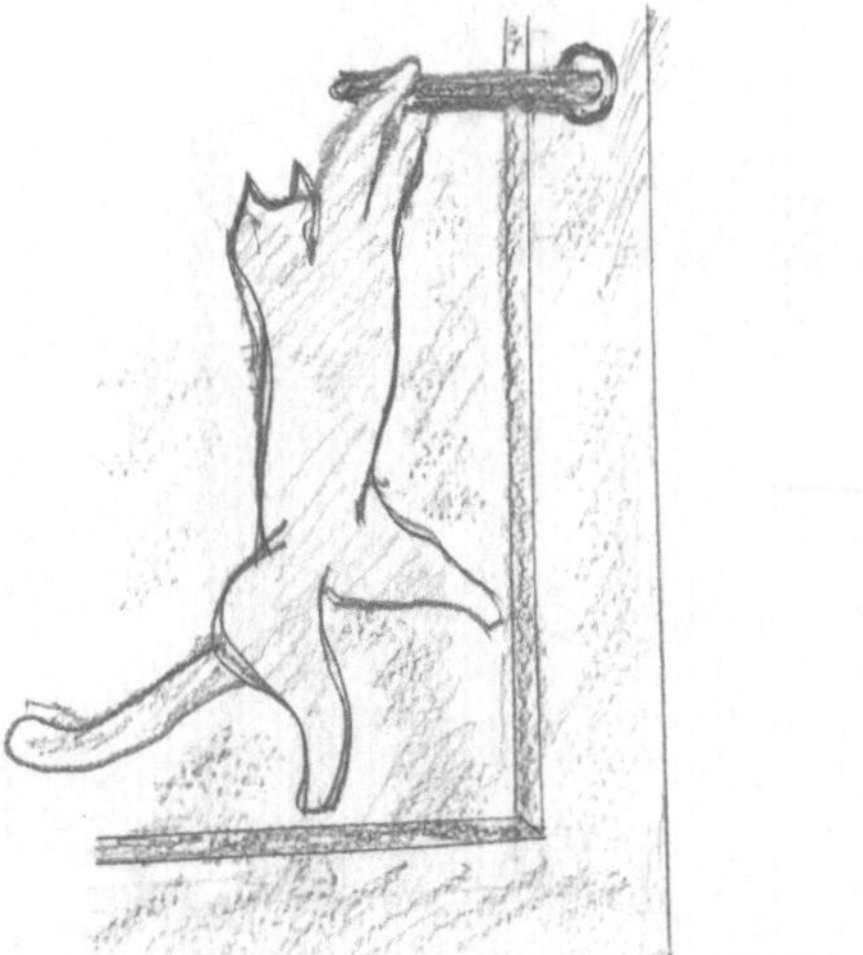

人文書院

もくじ

I

戦争と平和　ある観察〔増補新装版〕

I

戦争と平和　ある観察

1　はじめに

人類がまだ埋葬していないものの代表は戦争である。その亡霊は白昼横行しているように見える。

精神医学と犯罪学は個々の戦争犯罪人だけでなく戦争と戦争犯罪をも研究の対象にするべきであるとエランベルジェ先生は書き残された(1)。人類はなぜ戦争するのか、なぜ平和は永続しないのか。個人はどうして戦争に賛成し参加してしまうのか。残酷な戦闘行為を遂行できるのか。どうして戦争反対は難しく、毎度敗北感を以て終わることが多いのか。これらには、ある程度確実な答えのための能力も時間も私にはない。ただ、国民学校六年生で太平洋戦争の敗戦を迎えた私には、戦争の現実の切れ端を知る者として未熟な考えを「観察」と題して提出せずにはおれない気持ちがある。

戦争を知る者が引退するか世を去った時に次の戦争が始まる例が少なくない。一九四一年に太平洋戦争が始まった時、三六年前の日露戦争の現実を知る者は連合艦隊司令長官・山本五十六独りであって、首相の東条英機は日露開戦の時士官学校在学中であった。

第一次大戦はプロシャ・フランス戦争の四三年後に起こっている。大量の死者を出して帝国主義ヨーロッパの自殺となったこの戦争は、主に植民地戦争の経験しかない英仏の将軍たちとフランスに対する戦勝を模範として勉強したドイツの将軍たちとの間に起こった。

今、戦争をわずかでも知る世代は死滅するか現役から引退しつつある。

2　戦争と平和とは非対称的である――まず戦争についての観察

戦争と平和というが、両者は決して対称的概念ではない。前者は進行してゆく「過程」であり、平和はゆらぎを持つが「状態」である。一般に「過程」は理解しやすく、ヴィヴィッドな、あるいは論理的な語りになる。これに対して「状態」は多面的で、名づけがたく、語りにくく、つかみどころがない。この非対称性を具体的に述べてみよう。

まず、戦争である。

戦争は有限期間の「過程」である。始まりがあり終わりがある。多くの問題は単純化して勝敗にいかに寄与するかという一点に収斂してゆく。戦争は語りやすく、新聞の紙面一つでも作りやすい。戦争の語りは叙事詩的になりうる。

指導者の名が頻繁に登場し、一般にその発言が強調され、性格と力量が美化される。それは宣伝だけではなく、戦争が始まってしまったからには指導者が優秀であってもらわねば民衆はたまらない。民衆の指導者美化を求める眼差しを指導者は浴びてカリスマ性を帯びる。軍服などの制服は、場の雰囲気と相まって平凡な老人にも一見の崇高さを与える。民衆には自己と指導層との同一視が急速に行なわれる。単純明快な集団的統一感が優勢となり、選択肢のない社会を作る。軍服は、青年にはまた格別のいさぎよさ、ひきしまった感じ、澄んだ眼差しを与える。戦争を繰り返すうちに、人類は戦闘者の服装、挙動、行為などの美学を洗練させてきたのであろう。それは成人だけでなく、特に男子青少年を誘惑することに力を注いできた。中国との戦争が近づくと幼少年向きの雑誌、マンガ、物語がまっさきに軍国化した。

一方、戦争における指導層の責任は単純化される。失敗が目にみえるものであっても、思いのほか責任を問われず、むしろ合理化される。その一方で、指導層が要求する苦痛、欠乏、不平等その他は戦時下の民衆が受容し忍耐するべきものとしての倫理性を帯びてくる。それは災害時の行動倫理に似ていて、たしかに心に訴えるものがある。前線の兵士はもちろん、極端には戦死者を引き合いに出して、震災の時にも見られた「生存者罪悪感」という正常心理に訴え、戦争遂行の不首尾はみずからの努力が足りないゆえだと各人に責任を感じるようにさせる。

民衆だけではない。兵士が戦列から離れることに非常な罪悪感を覚えさせるのには「生存者罪悪感」に訴えるところが実に大きい。親友が、あるいは信頼していた上官が先に逝ったという思いである。「特別攻撃隊員は一歩前へ」の号令が背中を押す一因子には、この罪悪感がある。

人々は、したがって、表面的には道徳的となり、社会は平和時に比べて改善されたかにみえることすらある。かつての平和時の生活が、自己中心、弛緩、空虚、目的喪失、私利私欲むきだし、犯罪と不道徳の横行する時代として低くみられるようにさえなる。

実際には、多くの問題は都合よく棚上げされ、戦後に先送りされるか隠蔽されて、未来は明るい幻想の色を帯びる。兵士という膨大な雇用が生まれて失業問題が解消し、兵器という高価な大量消費物質のために無際限の需要が生まれて経済界が活性化する。

もちろん、雇用と好況は問題先送りの結果である。日露戦争は外債で戦い、その支払いのために鉄道、塩、タバコを国の専売として抵当においた。太平洋戦争は、国民の貯蓄を悪性インフレによってチャラにすることで帳尻を合わせたが、それは戦時中には誰にも思い寄らないことであった。戦勝による多額の賠償の幻想が宙を漂っていた。

もちろん、戦争はいくら強調してもしたりないほど酸鼻なものである。しかし、酸鼻な局面をほんとうに知るのは死者だけである。「死人に口なし」という単純な事実ほど戦争を可能にしているものはない。戦争そのものは死そのものほど語りえないものかもしれない。それに、「総力戦」下にあっても、酸鼻な局面がすべてに広がり万人の眼にさらされるのはほんとうの敗戦直前である。戦時下にも、戦闘地域以外には「猶予としての平和」がある。実際、B29の爆撃が始まる一九四四年までの内地は欠乏と不自由が徐々に募っていっただけであった。一九四五年春にも、桜の花を飾り、菊水の幟を翻して歓呼の声の中を特殊潜航艇「回天」を搭載した潜水艦が出撃して行った。修羅場が待っているのは見送る側ではむろんなかった。

二〇〇四年のイラクでは双方の奇襲攻撃が続いているいっぽう、証券取引所が開かれているそうである。

どうも、戦争の美徳は平和時の諸権利が制限される結果であって、実際にはその陰に非常な不公平を生むらしい。日中戦争から太平洋戦争を戦ったのは、少年兵を除けばほぼ明治三〇年代から大正の一五年間に生きた二五年間に生まれて「チョコレートの味を初めて味わった」人たちであるが、この気の毒な世代にも「一族の中で兵隊に行った者はいません」という人がけっこういる。戦争中および占領期間にも「食糧難を経験していません」という人が農家以外にもいる。軍人でも少佐か中佐以上は特攻隊員を志願させ壇上で激励する側にまわるものらしい（例外はむろんある）。戦時中の社会は、軍官民を問わず、ずいぶん差異が大きい社会であった。裏面では、徴兵回避の術策がうごめき、暴力が公認され、暴利が横行し、放埓な不道徳が黙認され、黒社会も公的な任務を帯び、大小の被害は黙殺される。

おそらく、戦争とはエントロピーの大きい（無秩序性の高い）状態であって、これがもっとも一般論的な戦争と平和の非対称性なのであろう。その証拠に、一般に戦争には自己収束性がない。戦争は自分の後始末ができないのである。いや、むしろ、文化人類学で報告されているポトラッチのごとく、嬉々として有形無形の貴重な財を火中に投じるのである。

3 「状態」としての平和

戦争が「過程」であるのに対して平和は無際限に続く有為転変の「状態」である。だから、非常にわかりにくく、目にみえにくく、心に訴える力が弱い。

戦争が大幅にエントロピーの増大を許すのに対して、平和は絶えずエネルギーを費やして負のエントロピー（ネゲントロピー）を注入して秩序を立て直しつづけなければならない。一般にエントロピーの低い状態、たとえば生体の秩序性はそのようにして維持されるのである。エントロピーの増大は死に至る過程である。秩序を維持するほうが格段に難しいのは、部屋を散らかすのと片づけるのとの違いである。戦争では散らかす「過程」が優勢である。戦争は男性の中の散らかす「子ども性」が水を得た魚のようになる。

ここで、エントロピーの低い状態を「秩序」と言ったが、硬直的な格子のような秩序ではない。それなら全体主義国家で、これはしなやかでゆらぎのある秩序（生命がその代表である）よりも実はエントロピー（無秩序性）が高いはずである。快適さをめざして整えられた部屋と強迫的に整理された部屋の違いといおうか。全体主義的な秩序は、硬直的であって、自己維持性が弱く、しばしばそれ自体が戦争準備状態である。さもなくば裏にほしいままの腐敗が生まれている。

負のエントロピーを生み出すためには高いエントロピー（無秩序）をどこかに排出しなければならない。部屋の整理でいえば、片づけられたものの始末であり、現在の問題でいえば整然とした都市とその大量の廃棄物との関係である。かつての帝国主義の植民地、社会主義国の収容所列島、スラム、多くの差別などなどが、そのしわよせの場だったかもしれない。それでも足りなければ、戦争がかっこうの排泄場となる。マキャベリは「国家には時々排泄しなければならないものが溜まる」といった。しばしば国家は内部の葛藤や矛盾や対立の排泄のために戦争を行なってきた。

これに対して平和維持の努力は何よりもまず、しなやかでゆらぎのある秩序を維持しつづける努力である。しかし、この〝免震構造〟の構築と維持のために刻々要する膨大なエネルギーは一般の目に映らない。平和が珠玉のごとくみえるのは戦時中および終戦後しばらくであり、平和が続くにつれて「すべて世はこともなし」「面白いことないなぁ」と当然視され「平和ボケ」と蔑視される。

すなわち、平和が続くにつれて家庭も社会も世間も国家も、全体の様相は複雑化、不明瞭化し、見渡しが利かなくなる。平和の時代は戦争に比べて大事件に乏しい。人生に個人の生命を越えた（みせかけの）意義づけをせず、「生き甲斐」を与えない。これらが「退屈」感を生む。平和は「状態」であるから起承転結がないようにみえる。平和は、人に社会の中に埋没した平凡な一生を送らせる。人を引きつけるナラティヴ（物語）にならない。「戦記」は多いが「平和物語」はない。世界に稀な長期の平和である江戸時代二五〇年に「崇高な犠牲的行為」の出番は乏しく、一七〇二年に赤穂浪士の起こした事件が繰り返し語り継がれていった。後は佐倉惣五郎、八百屋お七か。現在でも小康状態の時は犯罪記事が一面を飾る。

平和運動においても語り継がれる大部分は実は「戦争体験」である。これは陰画《ネガ》としての平和である。体験者を越えて語り継ぐことのできる戦争体験もあるが、語り継げないものもある。戦争体験は繰り返し語られるうちに陳腐化を避けようとして一方では「忠臣蔵」の美学に近づき、一方ではダンテの『神曲・地獄篇』の酸鼻に近づく。戦争を知らない人が耳を傾けるためには単純化と極端化と物語化は避けがたい。そして真剣な平和希求は、すでに西ドイツの若者の冷戦下のスローガンのように、消極的な"Ohne mich"（自分抜きでやってくれ）にとって変わってゆきがちである。「反戦」はただちに平和の構築にならない。

さらに、平和においては、戦争とは逆に、多くの問題が棚卸しされ、あげつらわれる。戦争においては隠蔽されるか大目に見られる多くの不正が明るみに出る。実情に反して、社会の堕落は戦時ではなく平和時のほうが意識される。社会の要求水準が高くなる。そこに人性としての疑いとやっかみが交じる。

人間は現在の傾向がいつまでも続くような「外挿法思考」に慣れているので、未来は今よりも冴えないものにみえ、暗くさえ感じられ、社会全体が慢性の欲求不満状態に陥りやすい。社会の統一性は、平和な時代には見失われがちであり、空疎な言説のうちに消えがちである。経済循環の結果として、周期的に失業と不況とにおびえるようになる。被害感は強くなり、自分だけが疎外されているような感覚が生まれ、責任者を見つけようとする動きが煽られる。

平和時の指導層は責任のみ重く、疎外され、戦時の隠れた不正に比べれば些細な非をあげつらわれる。指導者と民衆との同一視は普通行なわれず、指導者は嘲笑の的にされがちで、社会の集団的結合力が乏しくなる。指導者の平和維持の努力が評価されるのは半世紀から一世紀後である。すなわち、棺を覆うてなお定まらない。浅薄な眼には若者に限らず戦争はカッコよく平和はダサイと見えるようになる。

時とともに若い時にも戦争の過酷さを経験していない人が指導層を占めるようになる。長期的には指導層の戦争への心理的抵抗が低下する。その彼らは戦争を発動する権限だけは手にしているが、戦争とはどういうものか、そうして、どのようにして終結させるか、その得失は何であるかは考える能力も経験もなく、この欠落を自覚さえしなくなる。

戦争に対する民衆の心理的バリヤーもまた低下する。国家社会の永続と安全に関係しない末梢的な摩擦に際しても容易に煽動されるようになる。たとえば国境線についての些細な対立がいかに重大な不正、侮辱、軽視とされ、「ばかにするな」「なめるな」の大合唱となってきたことか。歴史上その例に事欠かない。

そして、ある日、人は戦争に直面する。

第一次大戦開始の際のドイツ宰相ベートマン゠ホルヴェークは前任者に「どうしてこういうことになったんだ」と問われて「それがわかったらねぇ」と嘆息したという。太平洋戦争の開戦直前、指導層は「ジリ貧よりもドカ貧を選ぶ」といって、そのとおりになった。必要十分の根拠を以て開戦することは、一九三九年、ソ連に事実上の併合を迫られたフィンランドの他、なかなか思いつかない。

4　戦争準備と平和の準備

戦争にはさまざまな長さの準備期間と始まり方と、同じくさまざまな長さの戦争の終わり方がある。一般に平和ははるかに準備しにくい。戦争中に民衆や兵士が平和を準備することは厳重に取り締まられ、事実上不可能である。戦争の終結とともにわれわれは平和の中に放り出される。戦後の現実はしばしば戦争よりも少なくとも暫くは過酷である。戦争指導層が構想する平和は通常、現実離れしている。彼らにも平和は突然来る。

まだ戦争が始まっていないという意味での平和な時期の平和希求は、やれないわけではない。しかし、戦争反対の言論は、達成感に乏しく次第にアピール力を失いがちである。平和は維持であるから、唱え続けなければならない。すなわち持続的にエネルギーを注ぎ続けなければならない。しかも効果は目にみえないから、結果によって勇気づけられることはめったになく、あっても弱い。したがって徒労感、敗北感が優位を占めてくる。そして、戦争の記憶が遠のくにつれて、「今はいちおう平和じゃないか」「戦争が起こりそうになったら反対するさ」という考えが多くの者に起こりがちとなる。

しかし、これは力不足なのではない。平和を維持するとはそういうものなのである。その困難性は究極は負のエントロピーを注ぎ続けるところにある。実は平和は積極的に構築するものである。

戦争が始まりそうになってからの反対で奏効した例はあっても少ない。一九三七年に始まる日中戦争直前には社会大衆党が躍進した。ダンスホールやキャバレーが開かれていた。人々はほぼ泰平の世を謳歌していたのである。天皇機関説は天皇の支持の下に二年前まで官僚公認の学説であった。たしかに昭和天皇とその親英米エスタブリッシュメントは孤立を深めつつあったが、満洲や上海における軍の独断専行は、ある程度許容すれば止むであろうと楽観的に眺められていた。中国は軍閥が割拠し、いずれにせよ早晩列強の間で分割されてしまうのだという、少し古い認識がその背後にあった。しかし、いったん戦争が始まってしまうと、「前線の兵士の苦労を思え」という声の前に反対論は急速に圧伏された。ついで「戦死者」が持ち出される。「生存者罪悪感」への強烈な訴えである。平和への思考は平和への郷愁となり、個々の低い呟きでしかなくなる。

この過程では「願望思考」と並んで「認知的不協和 cognitive dissonance」すなわち両立しが

たい二つの認知の片一方を切り捨てる心理過程が大きく貢献しているにちがいない。特に戦争と平和の問題にはするどい不協和を起こす認知が多い。たとえば中国の覚醒はそこここに認知されていたのだが、この認知は伝統的な中国観、中国人像と不協和であって、後者のほうが圧倒的な力を持ち、それと両立しない微かな徴候を読みとる者は少なかった。魯迅さえ「中国人は散らばった砂のようにまとまらない」と嘆いていたではないか――。たとえ正しく認知した者でも孤独の中で死を覚悟した発言を行なって後世の評価を待つ者はきわめて少なく、それに耳を傾ける者の存在はほとんど期待できない。

平和の論理がわかりにくいのは、平和の不名誉ではないが、時に政治的に利用されて内部で論争を生む。また平和運動の中には近親憎悪的な内部対立が起こる傾向がある。時とともに、平和を唱える者は同調者しか共鳴しないことばを語って足れりとするようになる。

これに対して、戦争の準備に導く言論は単純明快であり、簡単な論理構築で済む。人間の奥深いところ、いや人間以前の生命感覚にさえ訴える。誇りであり、万能感であり、覚悟である。これらは多くの者がふだん持ちたくて持てないものである。戦争に反対してこの高揚を損なう者への怒りが生まれ、被害感さえ生じる。仮想された敵に「あなどられている」「なめられている」「相手は増長しっ放しである」の合唱が起こり、反対者は臆病者、卑怯者呼ばわりされる。戦争に反対する者の動機が疑われ、疑われるだけならまだしも、何かの陰謀、他国の廻し者ではないかとの疑惑が人心に訴える力を持つようになる。

さらに、「平和」さえ戦争準備に導く言論に取り込まれる。すなわち第一次大戦のスローガンは「戦争をなくするための戦争」であり、日中戦争では「東洋永遠の平和」であった。戦争の否定面は「選択的非注意」の対象となる。「見れども見えず」となるのである。

平和の時には戦争に備え、戦争の際に平和を準備するべきだという見解はもっともであるが、戦争遂行中に指導層が平和を準備することは、短期で戦勝に終わる「クラウゼヴィッツ型戦争」の場合にしか起こらない。これは一九世紀西欧における理想型で、たとえ準備してもめったに現実化しない。短期決戦による圧倒的戦勝を前提とする平和は現実には稀である。リデル＝ハートが『戦略論』(2)で「成功した戦争は数少ない」と述べているとおりである。妥協による講和が望みうる最良のものであるが、外征軍が敵国土に侵攻し、戦争目的が体制転覆さらには併合である場合の大多数では、侵攻された側の抵抗は当然強固かつ執拗となり、本来の目的が容易ならぬ障壁に遮られ、しばしば「戦争の堕落」とでもいうべき事態が起こる。

実際、人間が端的に求めるものは「平和」よりも「安全保障感 security feeling」である。人間は老病死を恐れ、孤立を恐れ、治安を求め、社会保障を求め、社会の内外よりの干渉と攻撃とを恐れる。人間はしばしば脅威に過敏である。しかし、安全への脅威はその気になって捜せば必ず見つかる。完全なセキュリティというものはそもそも存在しないからである。

「安全保障感」希求は平和維持のほうを選ぶと思われるであろうか。そうとは限らない。まさに「安全の脅威」こそ戦争準備を強力に訴えるスローガンである。まことに「安全の脅威」ほど平和を掘り崩すキャンペーンに使われやすいものはない。自国が生存するための「生存圏」「生命線」を国境外に設定するのは帝国主義国の常套手段であった。明治中期の日本もすでにこれを設定していた。そして、この生命線なるものを脅かすものに対する非難、それに対抗する軍備の増強となる。一九三九年のポーランドがナチス・ドイツの脅威になっていたなど信じる者があるとも思えない。しかし、市民は「お前は単純だ」といわれて沈黙してしまう。ドイツの「権益」をおかそうとするポーランドの報復感情が強調される。

しばしば「やられる前にやれ」という単純な論理が訴える力を持ち、先制攻撃を促す。虫刺されの箇所が大きく感じられて全身の注意を集めるように、局所的な不本意状態が国家のありうべからざる重大事態であるかのように思えてくる。指導層もジャーナリズムも、その感覚を煽る。日中戦争の遠因は、中国人の「日貨排斥運動」を条約違反として執拗に責めたことに始まる。当時の日本軍官民の態度は過剰反応としか言いようがない。実際、同時に英貨排斥運動も起こっているが、英国が穏やかにしているうちに、日本だけが標的になった。

戦争への心理的準備は、国家が個人の生死を越えた存在であるという言説がどこからとなく生まれるあたりから始まる。そして戦争の不可避性と自国の被害者性を強調するところへと徐々に高まってゆく。実際は、後になってみれば不可避的どころか選択肢がいくつも見え、被害者性はせいぜいがお互い様なのである。しかし、そういう冷静な見方の多くは後知恵である。

選択肢が他になく、一本道を不可避的に歩むしかないと信じるようになるのは民衆だけではない。指導層内部でも不可避論が主流を占めるようになってくる。一種の自家中毒、自己催眠である。一九四一年に開戦を聴いた識者のことばがいちように「きたるべきものがきた」であったことを思い出す。その遙か以前からすでに戦争の不可避性という宿命感覚は実に広く深く浸透していたのであった。極言すれば、一般に進むより引くほうが百倍も難しいという単純きわまることで開戦が決まるのかもしれない。日本は中国からの撤兵を迫られて開戦に踏み切った。中国撤兵は現実には非常に困難であったろう。ゴルバチョフ・ソ連のアフガニスタン撤兵は改めて尊敬に値すると私は思う。

5　戦争開始と戦争の現実

戦争の前には独特の重苦しい雰囲気がある。これを私は「（軍神）マルス感覚」と呼んだことがある。いっそ始まってほしいというほどの、目に見えないが今にもはちきれそうな緊張感がある。エランベルジェは日露戦争以後、ヨーロッパには次第に募る緊張感があって第一次大戦の開戦前には耐えがたい程になったという[3]。

そのせいか、戦争開始直後には反動的に躁的祝祭的雰囲気がわきあがる。太平洋戦争の開戦を聞いて「ついにやった！」「ざまあみろということであります」と有名人が叫んでいた。太平洋戦争初期の戦争歌謡は実に軽やかな旋律であって無重力的ともいうべく、日中戦争時の重苦しくまさに「自虐的」な軍歌と対照的であった。第一次大戦でも開戦直後には交戦国民のすべてが高揚し、リルケのような抒情詩人さえ陶酔的な一時期があった。

しかし、祝祭の持続期間は一カ月、せいぜい三カ月である。それが過ぎると戦争ははじめてその恐ろしい顔を現わしてくる。たいていの戦争はこの観点からすれば勝敗を論じる前にまず失敗である。おそらく、その前に戦争を終えるというのがクラウゼヴィッツの理想であったろう。

しかし、もう遅い。平和は、なくなって初めてそのありがたみがわかる。短い祝祭期間が失望のうちに終わると、戦争は無際限に人命と労力と物資と財産を吸い込むブラックホールとなる。その持続期間と終結は次第に誰にもわからなくなり、ただ耐えて終わるのを待つのみになる。太平洋戦争の間ほど、平和な時代のささやかな幸せが語られたことはなかった。虎屋の羊羹が、家族の団欒が、通学路のタバコ店のメッチェン（少女）が、どれほど熱烈な話題となったことか。平和物語とは、実はこういうものである。過ぎ去って初めて珠玉のごときものとなるのは老いの繰り言と同じである。平和とは日常茶飯事が続くことである。

戦争が始まるぎりぎりの直前まで、すべての人間は「戦争」の外にあり、外から戦争を眺めている。この時、戦争は人ごとであり、床屋政談の種である。開戦とともに戦争はすべての人の地平線を覆う。その向こうは全く見えない。そして、地平線の内側では安全の保障は原理的に撤去されている。あるものは「執行猶予」だけである。人々は、とにかく戦争が終わるまでこの猶予が続き、自分に近しい人の生命と生活が無事なままに終わってほしいと念じる。それが最終的に裏切られるのは、爆撃・砲撃を経験し、さらに地上の交戦を経験した時である。それが戦争のほんとうの顔であるが、究極の経験者は死者しかいない。

米国の両次大戦激戦地における戦争神経症発症状態はカーディナーとスピーゲル(4)の著作に克明に記述してあるが、同程度の激戦を経験して戦争神経症になった日本兵はほとんど帰還していないであろう。米軍のようには孤立した兵士を救出する努力をしないからである。第一次大戦初期の英軍も太平洋戦争後半の日本軍も、その真の戦争体験は永久に不明である。人類の共通体験に繰り込まれないということだ。

一九四四年末、すでに米機の爆撃音は日本諸都市の日常の一部であったが、一九四五年三月、ドイツ諸都市で経験を積んだカーチス・ルメーの着任とともに、欧州並みの無差別都市爆撃が始まった。猶予期間は終わった。爆撃が重なるとともに次第に想像力が萎縮し、麻痺し、爆撃によって炎上する都市を目撃してもそこに何が起こっているかを想像しなくなる。さらに無感動的になり、自他の生死にも鈍感になる。広島・長崎に対する「新型爆弾」攻撃を聞いても、艦載機の攻撃に備えた黒シャツを再び爆弾の「光線」を跳ね返す白シャツに替えるという些事のほうが大問題になってくる。震災の時の同心円的関心拡大とは逆の同心円的な関心縮小を私は体験した。いや、私は現実感を喪失し離人的になっていたのであろう。この白々とした無意味性の中では低空を飛ぶ巨大なB29は銀色に輝いてただただ美しかった。敗戦の知らせを何の感動もなく聴いた。その後、数カ月間の記憶は断片的であって、明らかに解離がある。同級生の語る「教科書への墨塗り」の記憶はどうしても出てこない。

6　戦争指導層の願望思考

戦争中の指導層に愕然とするほど願望思考が行き渡っているのを実に多く発見する。しかも、彼らは願望思考に固執する。これは一般原則といってよい。これに比べれば、自己と家族の生命の無事を願う民衆や兵士の願望思考は可愛らしいものである。

ほとんどすべての指導層が戦争は一カ月か、たかだか三カ月のうちに自国の勝利によって終わると考える傾向がある。第一次大戦においてはそれは特に顕著であった。すべての列強の指導層が積極的には戦争を望まないまま、「ヨーロッパの自殺」といわれる大焚火の中に自国を投入していった。(5)(6) 列強のすべての指導層は、恫喝によって相手が屈すると思った。そのための動員令であり、臨戦体制であり、最後通牒であった。しかし、相手も同じことを思っていた。恫喝に屈することは、実際にはベルギーのような小国もしなかった。

小国は一般にほんとうに踏みにじられるまで屈服できない。亡国の危険があるからである。永続する妥協をみいだす責任は大国にある。

このようにして戦争が自動的に始まった。そして、最初の一カ月でパリをおとすというドイツ軍の願望思考が成就しなかった後は、五百メートルの距離を争って日に数千、数万、そして会戦となれば一回に数十万の死者が生まれた。

太平洋戦争ですら、心理的窮地に立っての開戦決定にもかかわらず、シンガポール陥落で有利な講和を結ぶ状況が生まれるはずだと信じていた。そうならなかった後は打つ手がなくなった。太平洋戦争は一言にしていえば、連合国の植民地軍に勝利し、本国軍に敗れたということである。連合国のほうは植民地軍の敗北は「織り込み済み」であった。しかし、願望思考の極まるところ、「無敵」神話が生まれる。「勝利病」である。一九四二年二月一日、米機動部隊はマーシャル群島を襲撃し、戦意の高さを示した。迎えうった護衛なしの五機の九六式陸上攻撃機の隊長機は炎上しつつ部下を基地に誘導して取って返し「エンタープライズ」の飛行甲板を掠めて海中に没した。これは太平洋戦争最初の米空母への体当たりであった(7)。しかし「勝利病」によって、海軍首脳はこれを何の兆候とも認めず、四月一八日の東京空襲は不意打ちとされた。

これが六月四日のミッドウェイにおける「運命の転機」を迎えさせる一因となった。東京再空襲は陛下に申し訳なしということである。その後の日本軍の作戦は次第に作戦自体が多くの願望思考から構成されるようになる。精密機械のように複雑な味方の行動がすべて円滑に進行し、敵がこれに対してお誂えむきな状態に留まってくれることを前提とするようになる。マリアナ沖、レイテ沖海戦にはその影が濃い。最高の願望思考は本土決戦である。もし実現すれば、講和条件が有利になるどころか、一九四五年春のルソン島戦の再現となり、兵と民衆が山野を彷徨って遂に人肉食の極限に至っていたであろう。そして、むろん、日本は分割され、少なくとも北海道はロシア領となっていたであろう。

平時から、願望思考は至るところにあった。戦艦「大和」が国費をかたむけて建造されたのは、米国にはパナマ運河を通過できない大戦艦は造れないという固定観念にもとづくものであったが、米国は、サヨリのように細長い戦艦ミズーリ級を造って日本の願望思考を破壊した。そして、速力三二ノットのミズーリ級は三〇ノットを越える当時の正規空母に随伴できるが、二七ノットの大和級はできなかった。

それだけでなく、戦前の帝国海軍は、戦艦を中心として輪形陣を組んでしずしずと進んでくる優勢な米主力艦隊を西太平洋に迎え撃ち、途中を潜水艦、駆逐艦、航空機などで「漸減」させ、タイになったところで雌雄を決するという筋書きで猛訓練をはげんでいた。しかし「漸減」してタイになったならば米艦隊はリスクを避けて引き返すであろう。そもそも、主力艦隊が東西の横綱よろしく取っ組み合いをして国の勝敗を決するということが幻想である。日本海海戦を含め、大多数の海戦は、上陸妨害か補給路遮断の試みとそれへの対抗あるいは予防のために起こっている。真珠湾攻撃は東南アジア上陸作戦の安全化のためであった。

7 日露戦争がなかったなら

司馬遼太郎は、日露戦争後から日本は誤った道を歩んだと考えていたらしい。これに賛成する人も多いであろう。

しかし、東北アジアを生命線とする発想は、実に島津斉彬、吉田松陰らにまで遡る。おそらく、彼らは、当時の日本が存亡の危機にあると考え、それを脱するにはどうすればよいかを考えたにちがいない。

当時、世界の国家は数種類しかなかった。（一）植民地を拡大しつつある帝国主義国家、（二）独立を失い帝国主義国家に併合されつつある中東、アジア、アフリカ、大洋州などの小国家、部族国家、エスニック地域など、（三）統一をめざす小国家群地域（ドイツ、イタリア）、（四）清、トルコ、オーストリア－ハンガリー複式帝国などの近代以前に成立した多民族国家で辺境部を蚕食されつつあり分割される危機があるもの、（五）合衆国の傘下に入りつつある旧スペイン帝国領ラテンアメリカ国家、（六）西欧に倣い近代国家を整備しつつある辺境国家の六つである。そして世界の土地にはすべて国旗が立ちつつあった。日本は態度決定を迫られていた。

ジャンル（六）の最初の国家はエジプトであった。ナポレオンの侵略に刺激され、エジプト副王（総督）であるアルバニア人モハメッド・アリはフランス人の指導下に、近代的官僚制度、軍、法制、税制、新聞発行、灌漑による換金作物（特に綿）の建設に乗り出した。この一式が「近代国家」としての当時の自己証明道具である。

反実仮想として徳川幕府がフランスに拠って近代化を遂行した場合を考えてみると、まずフランスによる過酷な収奪があるだろう。エジプトがその例である。契約書の不備を楯にとられて、レセップスによるスエズ運河建設の労働者の動員とそのための支出はエジプトの負担になった。次に、フランスがいざという時に頼りにならないことである。自身の外征と宗主国トルコのための戦争にスエズ運河のための出費が加わって財政が破綻したエジプトが外債を求めようと欧州に使節を送った時、これに立ちはだかったのはイギリスであって、先回りして「エジプトはトルコの属領にして国家にあらず」と触れ回り、すべての国でエジプト使節は面会さえ拒まれた。この時フランスは背を向けた。英仏合同の債権者会議は英国主導に移行し、スエズ運河は英国に買収され、エジプト陸軍は決起するがたちまち部隊は英軍に鎮圧されて、エジプトは一九一四年にはついに英領になってしまう(8)。

徳川幕府は一時フランスからの外債に頼って薩長と闘おうかと考えたが、もしそれが現実化すれば英国は「徳川はミカドの部下に過ぎない」と先触れしたであろう。ここで攘夷を行なえばエジプトと同じ運命となったであろう。当時の帝国主義国は法外に金を取り立て、払えないと軍を差し向けて領土を奪い、独立を脅かすのが常であった。

エジプトについで、日本、エチオピア、タイが近代化に進む。アジア・アフリカで曲がりなりに独立を全うしえたのは、中国を別にすればこの三カ国だけである。いずれも、不平等条約に悩みながら、近代化の過程で近隣に出兵している。エジプトはスーダン、パレスティナ、日本は台湾、朝鮮半島、エチオピアはエリトリア、タイはカンボジャなどである。この現象は並列的に考察する必要がある。軍人に近代軍を使わせてみたかったのか、政治家が生命線理論を考えつつ古い歴史や怨念を持ち出して民衆を煽ったのか、その裏に指導に当って外国武官あるいは武器商人の思惑があったのか、いずれにせよ、この時期の非西欧近代国家はそのモデルに倣って小帝国主義の実践を試みているということがあるまいか。同時期、酸鼻な戦争が独立して程ない中南米国家同士に頻発していたことも考えてみる必要があるだろう。

日本には大正時代まで陰に陽に「小日本主義」と「大日本主義」との対立があって、最後の小日本主義者は石橋湛山である。おそらく、日本はジャンル（三）の要素と（六）の要素があって、両者のあいだを揺れてきたのであろう。幕末の英米が南北戦争、クリミア戦争、インド兵大反乱などで忙しかったために幸運にも植民地化を免れた面がある日本は、ドイツ、イタリアと並んでほぼ同時に民族国家 nation state として再生した。また日本は産業革命に成功した点で、他の小近代化国家群と区別される。

イタリアは一八九六年、エチオピアを侵略して敗北し、軍は降伏する（アドワの屈辱）。ドイツの場合、普仏戦争勝利に際してビスマルクは、統一成ったドイツ帝国は陸軍国に自己限定して海軍拡張を停止し、ロシアとは決して事を構えず、周辺諸国との友好を図るべきであるとしフランスからのアルザス・ロレーヌ併合にも反対した。これが軍に押し切られ、最後に皇帝が一八九一年に彼を罷免した時、ドイツの運命は決まったといわれる。

「反実仮想」であるが、伊藤博文の考想どおりに日本が日露戦争を回避したらどうなったであろうか。「満洲」（中国東北部）は事実上ロシア領のままであったかもしれないが、ロシアの朝鮮半島占領はイギリスの反対に出会うであろう。ロシアによる幕末の対馬占領に対して日本に通報された英国は海軍を派遣してロシア軍を退去させている。朝鮮ならばイギリス陸軍の出番であろう。当時イギリスとロシアはすでにチベット、アフガニスタンで衝突していた。

しかし、ボーア戦争苦戦中の英国陸軍に勝算があるだろうか。それゆえの日英同盟であり、日露戦争であり、日露戦争はイギリスからみれば代理戦争だった。[9] 日本は英国に一個旅団の派遣を請うて拒絶されたという。このような要請をやってもよかろうというだけの何かがあったにちがいない。中国は失地回復のために日本側に立って参戦する意向を示したが、こちらは英国が執拗に説得してやめさせている。中国が参戦したら、その後の歴史はすっかり変わっていたかもしれないが、人種戦争の色彩を帯びて日本は外債に頼れなくなり中国もろとも敗北したかもしれない。また勝利しても中国にとって日本は油断ならない同盟国である。日本は勝利を中国に恩恵としてどこまで何を要求してくるかもしれないであろう。阿片戦争直後の上海に藩命で密航した高杉晋作が英国人にあごで使われる中国人の姿をみた時、東アジアにおける華夷秩序は崩壊し、この崩壊は彼の頭の中から日本中に広まった。

ビスマルクの見解を、ロマンティックな詩人の国から軍国に転じたドイツが採用しなかったように、日露戦争の戦後処理に際して日本は小日本主義を採らなかった。日本の国際的イメージは繊細な工芸の国から軍国主義国となる。ジャポネーズリー（日本趣味）は日露戦争とともに突然終わるのである。英国大使は日本の戦後処理に対して直ちに抗議し、米国はフィリピン領有を日本が認める代償として日本の朝鮮半島領有を認めるという密約を結び、南満洲鉄道の共同経営をハリマン財閥に提議させる一方、一九〇八年、白く塗った戦艦の大艦隊（「ホワイト・フリート」）に東京湾を訪問させて示威を行なった。日本は、近隣諸国との友好にも、米英両国との友好関係にも高い優先順位を置かず、孤立と破滅に向かっていった。国家予算の半ば近くを傾けての大海軍の建設も、割り込み的な領土拡張、植民地取得の努力も、ビスマルクの提案を斥けたドイツ帝国どおりではなかったか。いずれもおおっぴらに大国に挑戦し、そして隣国の恨みを買った。これが日露戦争終結以後をそれ以前と分かつ最大の相違である。ロシアとだけ戦後の友好国関係樹立に成功するがロシア帝国の命脈はもはや尽きようとしていた。

8　開戦時の論理破綻と「戦争の堕落」への転回点

戦争初期の熱狂が褪めるのに続いて、願望思考にもとづく戦争の論理が尽き果てる過程がある。第一次大戦におけるドイツ軍はベルギーの永世中立を犯してフランスの首都パリに迫ろうとした。時計仕掛けのように精密なシュリーフェン作戦の計算が狂ったのは、わずか六個師団と数個の要塞に拠るベルギー軍の頑強な抗戦とベルギー民兵によるレジスタンスであった。最後に政府の退却後のパリ防衛を一手に引き受けたガリエニ将軍の炯眼があって、結局、ドイツ軍はパリまで四〇キロに迫りながら、マルヌの会戦で挫折する結果になる。(10) 戦局はここで膠着し、以後の西部戦線は本質的に塹壕戦であって、しばしば幅五百メートルの土地を争って一日数千から数万の犠牲が支払われ、しかも戦線は固着したまま、毒ガス、戦車、長距離砲、飛行機と兵器だけはどんどん残虐になってゆく。

すでにベルギー侵入の際に、ドイツ軍は抵抗した自治体の市長など指導層とその家族を処刑していった。これがドイツ兵の残虐さを世界に印象づけた。ドイツ人の論理では、下からの自発的抵抗というものは考えられず、必ず上に立って指揮命令する者がいるはずで、それは自治体の長だろうということになった。また、人質をとって、ドイツ兵が一人殺されると、その何人かを駅裏で銃殺した。この手法は第二次大戦のドイツ軍に継承される。

日中戦争における日本軍も、中国軍の意外な抵抗に遭遇した。西安事件以後の中国はもはや恫喝に屈しなくなっていた。国民政府軍はチェコ製の機銃で武装し、ドイツ国防軍の指導下に強化した防衛線に拠って頑強に抵抗した。米ソなどの国際義勇兵の操縦する戦闘機は日本機をしばしば撃墜した。また、日本軍は「便衣隊」と呼ぶ中国人の抵抗にも大いに悩まされた。当時の新聞は「小癪な」中国軍と表現したが、実態は苦戦であった。

第一次大戦のドイツ軍パリ攻撃と日中戦争の日本軍の南京攻略戦（とアメリカ軍のバグダッド攻略）に共通なのは、まず、戦争は首都を陥落させれば早期に勝利のうちに終わるという強烈な思い込みである。だからこそ、日本国内では南京陥落を聞いて提灯行列に次ぐ提灯行列が行なわれたのである。しかし、実際には、相手の抗戦意志を挫かなければ、その首都を占領しても戦勝にならない。

パリ入城目前のドイツ軍はフランス軍がすでに壊滅したと推定していた。それにしては捕虜の数が少ないことに気づいた軍人は後方のルーデンドルフ将軍一人しかおらず、その意見は伝達されなかった。中国は当時でさえ四億の人口を有する国家であって大量の捕虜を出しても新規の兵士に事欠かず、しかも、抗日に燃える女性兵、少年兵も参加していた。日本軍将官の中にも、ナポレオンのロシアでの敗北と同じ運命に陥るとして対中戦争反対論を唱える者が一人いたそうである。その予言どおりになった。

次に、いずれも意外に頑強な抵抗に苛立って、飲まず食わず眠らずで前進したことがある。一九一四年秋にパリをめざしたドイツ軍兵士はマルヌ会戦直前には溝に落ちれば這い上がれず、将校は馬の首にもたれて眠ってしまう状態であった。ナポレオン軍と同じく現地調達を原則とする日本軍はなおさらであって、三日二夜食べずに前進し、戦時歌謡にもそううたわれた。孫文の中山陵のある紫金山を守った中国軍は特に壮烈な戦闘を演じて、南京入城を遅らせた。

飲まず食わずのドイツ軍は、花の都パリを占領しさえすれば思いどおりのことをやって報いられるという期待が士気を鼓舞した。ドイツ軍はパリ入城を果たせず、周辺の小自治体で憂さを晴らしたのである。日本軍にも「南京までの我慢」という同じ期待はあったであろう。それが紫金山の抵抗で遅らされたからには苛立ちは高まったであろう。

南京陥落直後の詳細にはいろいろな記録があって、研究書も多い(11)。死者数についてはここで論じない。しかし、一九三八年一月四日付で大本営陸軍部幕僚長閑院宮戴仁《ことひと》親王より中支那方面軍司令官松井石根あてに「軍紀風紀に於いて忌々しき事態の発生漸く繁を見之を信ぜざれんと欲するも尚疑はざるべからざるものあり」（南京戦史編集委員会編『南京戦史資料集』五六五頁）と軍紀風紀を厳にすべき旨の要望が発せられ、中支那方面軍司令官が更迭され、南京城内の蛮行については次期中支那方面軍司令官畑俊六大将の日記には「支那派遣軍も作戦一段落と共に軍紀風紀漸く頽廃、略奪、強姦類の誠に忌はしき行為も少からざる機なれば」（「畑俊六日誌」『続・現代史資料4　陸軍』みすず書房、一九八三年、一二〇頁）とあって、就任時に昭和天皇に「軍紀の確立」を二つの抱負の一つとしている。おそらく昭和天皇も含めて軍の首脳部は憂慮していたのであろう。そのような事態は民心離反を招き戦争遂行上きわめて望ましくないことである。しかし、少年の私も少し後「今の日本軍は皇軍ではありませんよ。日露戦争とは大違いです。女子を殺して井戸に投げ込んでいる」「揚子江に中国兵の死体がいっぱい流れてくる」と大人同士が語るのを直接聴いている。

これは複数の要因から成っていると思われる。第一次大戦のドイツ軍の行動に照らして、主な要因と思われるものを挙げてみよう。

第一は欲求不満の要因である。南京は中華民国の新都であってパリの華やかさはなかった。それでも、激烈な戦闘後の日本兵には大都市にみえたであろう。第一次大戦のドイツ軍は正規兵に予備兵すなわち市民兵を混ぜていた。日本軍は南京攻略後、精鋭は逃走する中国軍を追って前進し、南京の守備には一般にそうするように予備・後備の市民兵を当てた。市民兵は、不本意に市民生活から呼び出されて生死の境を彷徨った兵士である。一般社会での生活を知っているだけに、禁欲も身にこたえ、召集解除への期待も大きかったであろう。首都占領、戦勝、凱旋、復員という筋書きを国の指導部が当然視し、国民が提灯行列で熱狂を表現していたとすれば、兵士に同じ期待がないほうが不思議であろう。南京占領以前すでに国民政府は遷都を公表していた。期待が裏切られたことが身に沁みてわかってくる。これは実は古典的要因であって、西欧中世で戦争が王と傭兵の闘いであった時代でも、城市攻囲の際には兵士にたとえば三日の略奪を許すことを布告して戦意を鼓舞するのが常であった。

マーガレット・バーク＝ホワイトのようなニューディール時代に一世を風靡した女性写真家でさえ、ベルリン陥落の際に略奪を行ない、「略奪は熱狂であり情熱である」「今では自分が略奪をしたのを喜んでいる、なぜかというと、略奪をしてみることで、そうした行動の背景にある衝動を理解できたからだ(12)」と友人に語っている。この知的な女性をも熱狂させる深く暗い衝動がある。

強姦については、ある泌尿器科医に生理的に不可能ではないかと問うたところ、そのとおりで、われわれには理解できないという答えであった。相手の抵抗を打ち砕くための骨格筋活動の際には、格闘技の際にすべてそうであるようにペニスは萎縮している。そこで、萎縮するペニスに刺激を繰り返しつつ挿入するのであるという説と、相手が解離によって擬似的死《フリーズ》した場合に性行為を開始するという説もある（これでは屍姦である）。しかし、相手の抵抗によって性的に煽られる者もある。このような、平時には犯罪者となっている者が戦争の際に主役を演じることは予想以上に多いだろう。一つの悪は百の善を帳消しにする。それは権力欲化した性である。なお掠奪、暴力、強姦の際に「低いレベルの自己統一感」が生じることも無視できないであろう[13]。スポーツの際には葛藤の棚上げによる統一感が生じるが、その遙かな延長上にあると考えて見ると少しは理解しやすくなるかもしれない。

しかし、逆に「理性的な」捕虜虐殺もあって、これも第二次大戦以前から見られたものであり、欧米軍の兵士にはこれを逃れて「うまく捕虜になる技術」が教えこまれるほどである。

捕虜は厄介なものである。降伏を受諾すれば、そのために護衛兵力を割き、後方に連行しなければならない。護衛兵士の数が少なければ捕虜は反乱する可能性があり、多くすれば味方兵力が減る。そのために意図的に兵士を大量に敵に放って捕虜とさせた例もあるぐらいである。後方では収容施設を作り、衣食を与えなければならない。やがて赤十字の訪問も受けねばならない。第一次、第二次の両大戦を通じて、双方の陣営で捕虜をとらないこと、すなわち、事実上捕虜の虐殺はしばしば起こっている。捕虜になる寸前に射殺することもあるが、捕虜を並べて射殺することもある。私の記憶するのは、重巡洋艦「利根」がインド洋通商破壊作戦の際、労務者輸送船を捕獲したが、大量の労務者（インド人、中国人）を舷側に並べて射殺している。捕虜の食料その他を賄うためには作戦を打ち切るしかないという状況であった。戦犯としての刑期をつとめてから艦長・黛大佐が自ら語っておられたかと仄聞する。揚子江岸での掃射による虐殺が事実とすればこの型のものであろう。

また、多くの兵士が中国人の家に匿われたという事態がある。日本警備兵は、民家の扉を蹴破って、顔が陽にやけて額の横一線から上は（軍帽のために）白い青年を兵士として引き立てるのであるが、この際、匿っている家族は敵性家族とみなされるであろうし、事実、恐怖をこめて凍りついた無表情な顔と敵意に満ちた眼差を向けられるであろう。国際法は軍服を脱いだ兵士を必ずしも保護しない（これは国際法上支持できないとされるが広く信じられていた）。略奪、強姦、虐殺が家族に及んでもふしぎであるまい。強姦には、家族を心理的に傷めつけるという意味もある。

一般にこのような事態は占領を困難にする、自らに不利な行為であり、少なくとも将校はそのことを理解しておかねばならないだろう。中国との戦争においては「敗戦」という事態を全く予想しなかったことも、抑止力を欠いた一理由であったろう。米英との戦争開始後、「この戦争には絶対に敗けられない」「まけたら大変なことになる」と軍人を先頭に言い出したのは、中国戦線における中国人にわが身を置き換えての結論であろう。実際、太平洋戦争の際には、日本兵の頭蓋骨を恋人に贈った米誌掲載の写真の転載以外には「鬼畜」といいながらも「米英軍の残虐行為」の具体例を挙げた新聞記事はなかったのではないか。

イラク戦争においても、米軍がバグダッドに迫った時には兵站戦が伸びきって補給が追いつかず、飲まず食わずに近い状態であったという。第一次大戦のドイツ軍パリ攻撃、第二次大戦の日本軍の南京攻撃の再現である。イラク軍の場合は部族社会の奥深くに姿を没したという違いがある。一戸一戸の「扉を蹴破って捜索する」テレビ画像はまさに南京の再現かと思われる。

9　戦争の「堕落」とは

クラウゼヴィッツ型の戦争とは、（一）外交目的を果たすもう一つの手段であり、（二）正規軍同士が決戦によって勝敗を決し（直接的アプローチ）、（三）短期で終結し、勝利側に有利であるが合理性を逸脱しない講和締結で終わる。

しかし、これらの条件は稀にしか満たしえない。クラウゼヴィッツ型戦争は理想型であり、実は願望思考の産物であるから、実際に経験する戦争は、このモデルからみれば多かれ少なかれ「堕落した戦争」ということになる。

意外にも、もっとも〝成功〟した戦争は、中国共産党が行なった長く苦しい戦争であるという見方が可能であるかもしれない。第一に、中国との戦争は二度としたくないと思わせること、第二に、相手の怨みを買わないようにしていることである。この二つは共に強力な安全保障である。

中国の戦争は、決戦型の正反対のように見えるが、必ずしもゲリラ戦ではない。日中戦争の百団大戦（一九四〇年）をはじめ、朝鮮戦争、中印戦争、中越戦争でも時と場合によっては決戦を挑んでいる。

中国は朝鮮戦争において人海戦術を挑み、結果として、米陸軍に中国大陸に兵を進めることは想定しないという不文律を作らせたが、軍はほとんど三十八度線を越えていない。

インドとの中印戦争においても、インド軍を敗北に追い込み、ヒマラヤ山中の戦略地点を押えるがそこで兵を留めて、インド平原への進出を控えている。捕虜を丁重に扱い、武器を修理清拭してから返還している。中国軍がインド平原に進攻することは無益な冒険である。自国に有利な既成事実さえつくれば国境線は未決定でもよい。インドは中国と再び交戦するのを避けるであろう。

ダマンスキー島をめぐるソ連との抗争においても、局地化を徹底し、ソ連に拡大の隙を与えていない。この時は人口の多い中国はそのことによって不敗である（「六億死んでも一億残る」）ことをソ連に向かって宣伝した。

中越戦争はベトナムのカンボジャ侵攻に対する「懲罰」の名目で行なわれ、戦術的には敗北に近かったが、ベトナムのインドシナ半島に対する覇権確立を挫折させ、また中国軍近代化の契機にもなった。

以上の戦争を通じて、中国はすべての国境を接する国との自国優位の安定を確保したかにみえる。そうして、それ以上の深追いをしていない。朝鮮戦争においては中国軍なくしては北朝鮮は存続しえなかったと思われるにもかかわらず、戦費、駐兵権などを要求していない（兵器代を中国に請求したソ連に対しては赫怒しつつそれを支払った。中ソ対立の始まりである）。とにかく軍事が政治に従属し、戦争が外交の手段となっている点が一貫している。

これらの点で、ビスマルクが周辺国家との戦争に取ろうとした態度と、二〇世紀の中国の戦争目標の自己限定とには共通点がある。「中原の国」である中国の伝統的な「辺境」安定策であるともみられよう。中国は怖れられているかもしれないが中国に深い怨恨を残す国はなさそうである。日本に対してとった「静観」政策とは「歴史の教訓から学んで反省しているかどうか、様子を見ているところだ」という意味だそうである。刑死したA級戦犯に対する日本の動向に厳しいのは、ひょっとすると東京裁判の正当性如何ではなく、全員が「満洲国」建設に関与するか日中戦争の早期妥結を阻止した要人であるということが重要なのであるまいか。「悪いのは一握りの軍国主義者であり、日本人民は被害者である、とせっかく自国民を説得したのに」という要因もあるであろう。

一般に戦争の堕落、すなわち「外交の延長」という原則を捨てることは容易に起こっている。ナポレオン戦争以後、たいていの戦争は願望思考的にクラウゼヴィッツ型戦争で開始し、願望思考の破綻が明々白々となった後、容易に堕落して「終結の仕方が見えないという形での堕落した戦争」となる。

「城下の盟」を誓い、領土（多くは一部）を差し出し、賠償金を払う形の古典的戦争終結は、古い王侯の戦争をモデルとしたものであると思われる。それが二〇世紀まで残存したのは、このモデルが西欧の非西欧諸国に対する一九世紀の植民地戦争によって継承されたからではないだろうか。

インド・ムガール帝国、エジプト、トルコ、中国あるいはアフリカ諸国の欧米ロシアに対する安易な屈服は、後の時代の抵抗運動の激甚さと対照的であるが、多くの条件を捨象していえば、皇帝、王とそれをめぐる宮廷官僚が、何をおいても自己の存続survivalを最優先させたことによるのではなかろうか。なおロシア・スウェーデン戦争以後、第二次大戦まで、一般に皇（王）室と宮廷官僚が存続を優先させる傾向はそのまま今日に至っている。いや、王室の存続している国は存続を最優先させてきた国である。ナポレオン三世とカイザー・ヴィルヘルム二世を反面教師として、現在、皇帝（王）を戴く国家は他と比較しておおむね安定し制度の整った中小国家である。それが皇（王）室の、何ものにも変えがたいメリット、存在理由であると私は思う。

対称戦争においては、戦争の自然鎮火が起こりうる。顕著なものは三次にわたるインド・パキスタン戦争である。交戦国の双方が共に武器を輸入に依存して自国生産が不可能な場合、武器を消尽すれば自然鎮火が実際に起こった。日露戦争においても、双方とも武器輸入に依存する割合は百％でなかったけれども自然鎮火という面があった。ロシアは日本海海戦の結果、事実上海軍を持たなくなり、日本陸軍は身長一五〇センチ以下の壮丁を徴兵しても新師団編成はもはや困難であった。

実際、武器を初めとする第三国の援助がなければ多くの戦争は自然鎮火に終わったであろう。日中戦争も、日中が自前の資源だけで闘ったら自然鎮火に終わる可能性があった。日中戦争は双方ともに宣戦布告をしない戦争であった。宣戦布告後には第三国が武器・戦略物資を交戦国に輸出することが国際法上禁じられており、交戦国は搭載物資を公海上で拿捕することが認められていたが、これが日中相互に不都合であったためである。中国は主に完成した武器（一部国内でコピー生産）を、日本は屑鉄、石油、マンガンなどの資源とエリコン機銃（スイス製）などの特許を輸入する必要があった。宣戦布告なき戦争は、日中のみならず米英をはじめとする武器・戦略物資輸出国全体に有利であったからこそ、国際的承認を得ていたのである。

もちろん、朝鮮戦争もベトナム戦争もソ連のアフガニスタン戦争も、宣戦布告はなく、武器・戦略物資の生産と輸出を行なう聖域が存在したから長期戦となりえたのである。実際には兵士の参加もあった。日中戦争でも中華民国政府の空軍パイロットは米ソ両国に依存していたが、朝鮮戦争でも戦闘機のパイロットはソ連兵であった。そのミグ15戦闘機が三十八度線を越えなかったのは捕虜になることを恐れたためである。

これらは米ソ冷戦の代理戦争である。双方が戦力の小手試しと武器の実戦による効力試験を行ない、将軍、将校、兵士に実戦経験を積ませるという意味があった。冷厳な事実は、実戦を戦ったことのない世代から成る軍隊は、実習を行なっていない医学生と同じく実戦において役に立たない。二〇世紀において十年周期を以て大小の戦争が行なわれた一つの隠れた理由ではなかろうか。

戦争の堕落の現われは、まず、戦争が敵兵の死体数の増加（ボディ・カウント、キル・レート）を競うようになることである。これは戦争の本来の目的ではない。第二は、都市、工場、農地、農家、貯水池、森林の破壊である。ペロポネソス戦争においてスパルタ軍がアテネのオリーヴ園を伐採したことから、米空軍の枯葉剤によるベトナム森林破壊まで一続きである。しかし、いずれの場合も戦争終結を促進したかどうか。はなはだ疑問である。

一九四五年という敗戦必至の状況においても、ドイツ、日本諸都市の無差別爆撃は、かつての中国都市の場合と同じく、国民の戦意をさほど挫いていない。

第三の現われは、市民の殺戮、特に男子の殺戮によって兵士予備軍を減らし、女子、小児の殺戮によって、兵士の再生産を奪うことである。その変種として、自国兵が敵国女性を妊娠させる「民族浄化」がある。しかしこれらも恨みを深くするだけで勝利に近づけるものではない。逆に一般人の抵抗を呼び覚ます。すでに、ナポレオンのスペイン侵攻の際に、市民による抵抗が行なわれ、ゴヤの絵画が記録するように、マッセナ麾下のフランス軍は容赦なく抵抗市民の銃殺を行なっているからである。さらにアメリカ独立戦争の際の英軍に対するミニットマンその他のさまざまな義勇兵にまで遡ることができよう。

一九世紀は対インディアン国家を含む欧米の植民地獲得戦争の時代であり、そこで欧米国家間の戦争のルールが敵対者に適用されなかったことは想像に難くない。それが明白になったのは、南アフリカのオランダ系農民入植者国家トランスヴァールおよびオレンジ自由国に対して英国が二度にわたって仕掛けたいわゆるボーア戦争で、この地域に金およびダイヤモンドの鉱山が発見されたことが真の理由である。ボーア軍は元来市民兵より成っていたが、トランスヴァールの首都プレトリア陥落後の一年半の期間、もっぱらゲリラ戦を行なって一万のボーア兵が五万の英兵を翻弄した。これに対して英軍は、農家を焼く焦土戦術を行ない、また、婦女子を隔離して世界最初のコンセントレーション・キャンプを作った。そこでの死者は法外に多かったという。非対称戦争の原型はナポレオンのスペイン戦争およびボーア戦争にあるといってもよいであろう（国民国家以前の時代においては市民、農民は一般に戦闘に加わらない）。

ドイツ軍がベルギー国の永世中立を侵犯した際のベルギー軍および市民兵の銃殺についてはすでに述べた。次は南京以後の日中戦争について述べる順序である。漢口攻略戦においては日本軍の軍紀は改善したともいわれるが、攻略不能の重慶に遷都されて、首都攻略による勝利の論理の誤りが明白になる。日本海軍は、新式の九六式陸上攻撃機を以て（ゲルニカに次ぐ）世界最初の反復無差別都市攻撃を行なうが、護衛戦闘機として零式艦上戦闘機が随伴する一九四〇年まで、無装甲の九六式攻撃機の被害は甚大であった。近衛内閣は「蔣介石を相手にせず」と声明し、重慶を脱出してきた汪精衛を首班とする親日政府を作るが、傀儡政権として人気がない。それでも、中国人の士気は次第に低下の傾向を見せ、これを憂えた中国共産党は、一九四〇年、百個連隊を動員して、犠牲を顧みず、山西省に出動して精鋭板垣兵団を撃破する（「百団大戦」）。日本軍不敗の伝説は破れ、中国人の士気は立ち直り、特に共産党支配下の村落はゲリラ戦の根拠地となり、ここに人民の海に隠れる魚として八路軍が浸透してゆき、日本軍は「点と線」を支配するだけになり、特に夜間は砦に篭もるようになる。日本軍は、中国共産党軍を攻撃するが、その過程で、人民と兵士の区別がつかなくなり、ボーア戦争の際の英軍と同じく、村落自体を焼き財産を奪い村民を殺す三光作戦に転じざるをえなくなる。この作戦は短期的には成功するが、長期的には全中国人の抗日意識の向上を促してしまう。他方、「善良」な中国人を囲い込む清郷工作を行なうが、一時はかなり広大な範囲を手中に収めながら結局は成功に至らず、清郷にも敵性中国人の浸透を許してしまう。

次第に日本軍の重点は、英米の援助を断ち切るほうに向かう。太平洋戦争自体に聖域攻撃の意味があり、直接的な中国援助ルート遮断のためにも多大の犠牲を払う。

この経過は、ベトナム戦争に酷似している点がある。百団大戦は「テト攻勢」、清郷工作は「戦略村」、三光作戦は、村落を焼き、キル・レート、ボディ・カウントを戦果とする作戦行動に対応する。いずれにしても、兵士と人民の区別がつかず、「やられる前にやれ」の論理が悪循環を生む。化学的枯葉作戦の実施は日本軍の細菌戦、毒ガス戦に相当する。「北爆（北ベトナム爆撃）」は太平洋戦争を導いたフランス領インドシナ占領である。どちらもまさに聖域攻撃である。

10　非対称戦争

日中戦争および二〇世紀後半の主な戦争に共通の条件は何であろうか。

（一）それは非対称戦争である。その非対称性は、さまざまなところに現れる。

まず、兵士の人的損害をどれだけ顧慮するか、である。朝鮮戦争において、建国一年後に参戦した中国軍は武器を携帯せずに突撃を行なったといわれる。米兵士は非武装の突撃者への射撃を一瞬躊躇するが、その間に一人の米兵に数人が飛びかかってしまう。イラン・イラク戦争においては、劣勢なイラン軍は無武装の少年を地雷原に突入させて、身を以て地雷原を啓開させた悲惨な作戦をとった。

もっとも、欧米諸国間の対称戦争である第一次大戦においても、人命はしばしば名誉よりも高く評価されなかった。双方とも歩兵が銃剣を携えて中腰であるいは立ったままの密集陣で突撃を行ない機関銃の餌食となった。この時期には名誉という概念が合理性に優先していたが、その点においても両軍は対称的である。しかし、第一次大戦のドイツ軍がベルギー市民兵を処刑したのは、この戦争の非対称的な面である。

二〇世紀が進むに従って、まず欧米諸国兵士の人命尊重が徐々に向上し、兵士に鉄兜が支給され、戦闘機の座席は鋼鉄で装甲され、軍艦の砲は装甲された。しかし、将軍はしばしば人命損失を顧みなかった。

第一次大戦にもその徴候があったが、第二次大戦では決定的に「総力戦」となり、市民を敵の生産力、潜在的兵力と数えるようになった。敵の生産力を破壊するための工場地帯攻撃は無差別都市爆撃に移った。中国の重慶、英国のコヴェントリー市、ドイツのドレスデン市、日本の東京である。さらに原子爆弾は個体の生涯と子孫にさえ影響を与えうる究極の無差別兵器となった（この過剰破壊性のゆえに冷戦下では相互恫喝から相互抑止の働きに比重が移っていった。広島、長崎の実例が核戦争の抑止に貢献したことは確かだがその程度は私にはわからない）。
（二）第二の区別は、戦闘の時間と休息の時間の区別の有無である。対称戦争では兵営、要塞、駐屯地居住あるいは行軍が日程の大部分を占める。非対称戦争では戦闘と非戦闘の区別が不明瞭となる。これが、通常軍隊に緊張が弛む暇を与えず、奔命に疲れさせる。
（三）戦闘員と非戦闘員とが服装・徽章その他によって識別できるのが対称戦争であり、しばしば識別しがたいのが非対称戦争である。性や年齢による区別さえ難しい。老農夫や年端のゆかない少女が突然、戦闘員に変貌する。従って、「やられる前にやれ」ということになり、しばしば虐殺問題を起こす。
（四）前線と後方の区別がつかなくなる。ベトナム戦争では、戦闘員がジャングル戦の特殊技能を必要とするために双方にこの区別がなお存在したが、イラク戦争では双方ともにこの区別が消滅し、物資輸送がしばしばもっとも危険となった。

（五）しばしば外国人組織が加わって局面を厄介にする。それは原理主義集団から傭兵までのさまざまな集団がありうる。敵対的武装市民と外国人義勇兵との区別も曖昧になる。

（六）通常戦争には最後に「名誉のための出撃」が試みられる。メッスに包囲されたフランス軍においてはナポレオン三世が最後の突撃の進言を拒否して降伏した。一九一八年においてドイツ海軍は全艦隊を挙げて出撃しようとして水兵の反乱に阻止された。一九四五年四月六日の戦艦大和の出撃は名誉のための出撃が反対に遭わずに実現した珍しい例である。玉砕突撃も同じであろうが、これは米軍に「残敵掃討」をしなくてよいようにした。

（七）なお、神風特別攻撃隊は人命を顧みないという非対称性と、正規軍の印をつけた軍用機を用いて敵正規軍を攻撃した対称性とを併せ持っているが、米艦隊にとっては、いつどの方向から襲ってくるかわからず、また時とともに主に外郭部の小艦艇を襲撃するようになったという点での非対称性があり、事実、艦船の損害よりも心的外傷のほうが大きかったらしい。しかし、イラク戦争では爆装した個人による「自爆攻撃」という形で決定的に非対称性を帯びるに至った。この場合も、狙いは恐怖つまり心的外傷であろう。

非対称戦争は、（一）価値観の違う軍隊間に起こる戦争である。（二）戦争形式は質的に異なり、敵対者間に共通のルールが生まれる余地があっても極めて少ない。（三）一般に非正規性を強く帯びる側は軍事的に劣勢である。（四）非正規性が明確な側は本土防衛戦を闘う側である。（五）

一般に劣勢軍のほうが、兵士にまで大義を説き作戦の意義を教示する傾向がある。この非対称性は正規軍同士にも見られた。欧米軍は一般に作戦にかんする情報を将校のみに限定し、兵士には秘密を漏らさず、日記を禁じた。日本軍は兵士にも大義を説き、作戦をも具体的に教え、日記を認めた。これは捕虜の尋問の際に不利を生んだ。日本軍が捕虜になることを禁じたのはこのためもあったというが、日本兵捕虜がもはや一切の面目を失い帰国の道を断たれたと観念して軍の秘密をよく語るようになるという悪循環を生んだ。ソ連軍は政治委員を随伴させて指揮官以下の政治教育と政治意識評価を行なった。中国軍は思想教育と共に、軍の行動原理を単純明快な定式にして教育した[14]。ベトナム軍は作戦会議に兵士を参画させ、攻撃目標の実物大模型を密林内に作成して、最良の攻撃法を論じさせ、さらに演習して最短時間で最大効率を挙げるようにした場合もあったという。

以上の概観から、非対称戦争が、絶えざる緊張を生み、戦争法規違反、残虐行為、市民被害を生む確率がきわめて高く、戦闘員の熱狂性を強化せざるをえないことが結論づけられよう。

おそらく、正規軍同士のクラウゼヴィッツ型戦争は、今後、起こっても稀であろう。原子爆弾の存在がそれを困難にしたことに加えて、ほとんど不可能なほどに正規軍の軍事費が高騰しているからである。

冷戦の経過を経るに従って、共に水爆を発射する原子力潜水艦と空母を備えるなど、米ソの軍備は互いに相似形となってきた。この対称性ひいては政治軍事行動形式全体が次第に相似ることは、第二次大戦のドイツ陸軍とソ連陸軍、日本海軍と米国海軍、かつてのドイツ軍と戦後のイスラエル軍、ベトナム戦争時の米軍とカンボジャ侵攻の際のベトナム軍などに容易に見て取ることができる。この成り行きは、劣勢国の軍備内容を優勢国のそれに追随させ、ついには資源あるいは資金の不足による破綻・自滅を招く。軍備が科学化、電子化し、巨額の資金と頭脳を必要とするようになって、対称戦争の機会はさらに少なくなっているのではなかろうか。世界の軍事力の八割をアメリカが占めているといわれているが、そのアメリカでさえ、兵器の陳旧化と兵員の質低下を抑えることができないという。

非対称戦争の契機の一つは正規軍の敵本土侵攻であるが、もう一つは内戦である。内戦を明るみに出したならば、手の汚れていない民族はほとんど存在しないのではないだろうか。南北戦争のように正規軍同士の対称戦争に比較的近い内戦もあるが、一般に内戦は、非対称戦争の非正規軍同士の戦闘の様相を帯びる。最初はそうでなくても、急速に、その方向への「戦争の堕落」が起こる。冷戦終了後の内戦の多さとその酸鼻さは極端であり、また国家の態をなさない破綻国家が内戦がらみで続出している。極端な例は一九九四年のルワンダ内戦である。一九六〇年代、ルワンダが日本人国立銀行総裁服部氏のもとに平和と繁栄を享受していたことが嘘のようである。

11　人間はいかにして「戦争人 Homo pugnans」たりうるか

人間といっても、これは圧倒的に男性であり、女性兵士も基本的に男性として養成される。通常の人間を戦士に仕立てるには、人性の一面を育て、人性の他の面を抑圧しなければならない。

戦前の日本においては、幼年時代から戦士へ向かう教育が始まっていた。思春期と共に、男性の生理的戦士面が強調され、調教された。しかし、青年市民から兵士への飛躍は非常に大きいものであり、一般社会を「娑婆《しゃば》」と呼んで、そのルールの一切が通用せぬ世界に入ったことを示す工夫がさまざまになされた。「不条理ゆえにわれ信ず」という逆理が大いに利用された。

逆説的であるが、平時内地での兵士の生活のほうが、官僚的瑣末性を持ったステロタイプにみちみちており、苦渋である。戦地のほうが一般に（上官の裁量したがってその質と哲学とによるところ大であるが）、ある「ゆるめ」がある。中隊長を典型とする実戦部隊長である下級将校は、突撃を命じた時に部下が追随して来ないことが最大の恐怖であって、そのために、配属兵士全員の顔を写真で予め覚えるなど、この将校の下でなら死んでもよいと思わせなければならない。また、他に抜きんでて食糧、装備、その他を自隊のためにもたらす将校でなければならない。これらの期待に非常に反した、戦下手で、部下を掌握せず、劣悪な条件を引き当てる将校は乱戦中に味方兵士に射殺される脅威を感じる。

しかし一般にもっとも現実ばなれしうるのは上級指揮官であることも無視できない要因である。「戦争は錯誤の連続」であるといわれ、錯誤が少ないほうが勝つということになる。しかし、不可避的な錯誤もあるけれども、現実ばなれした願望思考による錯誤の比重は決して少なくないように思われる。参謀たちがゲーム感覚で作戦を樹てているのではないかと思われることがある。最高司令官や参謀は酸鼻な戦場を見るべきでない、なぜなら感情的となって冷静な判断ができなくなるから、ともいわれるのであるが――。

兵士についてはグロスマンの叙述がもっとも迫力のあるものである。[15] 一九四六年、米軍のウィリアムズ少将は、南北戦争以来、第二次大戦に至るまで、敵に向かって発砲する兵士の率はほぼ一定で、一五％か二〇％であることに気づく。これは日本軍のバンザイ突撃に際しても変わらなかったという。他国軍隊でも同じようなものだそうである。少将は、兵士の発砲率向上を海軍の心理学者に命じ、朝鮮戦争において五五％、ベトナム戦争において実に九五％の発砲率を達成したという。

その方法を概説すると、（一）首を固定して残虐なシーンを無意味化するまでみせつづける（フラッディング法、モーツァルトの音楽でも百回以上聴かせると無意味な音になるという）、（二）これはイスラエル軍の例を挙げているが、通常の射撃標的を止め、メロンをくりぬいてトマトジュースを入れ、これを林の影から隠顕させて五人一組で射撃させ、成績に従って賞罰を与える。これを

「条件反射」と呼んでいる。（三）ベトナム人は人間でないという暗示を与える（洗脳）、（四）一七歳という若い少年兵を用いる。

この方法は成功しすぎたのか、その後の戦争においては米軍の発砲率は二四％だという（『ニューズウィーク』二〇〇三年）。

なお、朝日新聞記者の米軍同行取材によると[16]、米国の軍用車両とイラク軍がすれ違って激しく撃ち合ったが、さっぱり弾が命中しない。米兵は「当てようと思って撃つのだが百メートルも離れれば当らんものさ」とこともなげに答えている。

日本軍と中国軍が相対峙した時も、最初は狙わずに空に向かって撃つのだが、たまたま戦友に敵弾が命中して彼が戦死すると、その兵士はにわかに真剣に射撃しはじめるという話を直接聞いたことがある。実際、「戦友」は、非常に重要な戦意維持要素とされ、古代ギリシャでは同性愛のカップルが並んで闘うようにした[17]。現在も、大義でも師団の名誉のためでもなく、戦友のために闘うのだとカーディナーは述べている。その反面には、もし戦友に見捨てられたらたいへんだということがあるだろう。戦友愛は専有愛でもある。

もう一つ、連隊あるいは軍艦への一体化があるかもしれない。戦記には、これらがほとんど人格を持ったものとして扱われる。これは特に日本の戦記ものにきわだっている現象である。戦友会も連隊や軍艦を単位として開催されている。戦記の記述形式の各国比較は興味ある主題であるが、米英においては司令官の性格分析が目立つことだけを記すにとどめて置く。

一般に、戦闘における死者の大部分は逃走中に生じるが、それは人間の顔に向かって射撃するのは精神的抑制が働くからであって、だから捕虜になるときには鉄兜を脱ぐのが要領であるとグロスマンの著書にある。

中国戦線の日本軍は、初期には、中国人を豚と思えと教育し、捕虜の刺突を行なわせたことがあったが、その結果、生涯悪夢に苦しみ、座禅をもっぱらにして世を去った方もおられる。しかしなお、一兵も殺さなかったという元兵士が存在する。

同書によれば、発砲者一五‐二〇％のうち半分は強い市民的義務感の持ち主であり、残りは冷酷な人格障害者であるという。石川達三の『生きている兵隊』[18]をみると、小学教師の少尉が次第に冷酷な殺人者兵士に引き寄せられてゆく姿がみられる。戦後の日本捕虜収容所では、例外はあるが、ヤクザが仕切って一般兵士は搾取された[19]。戦争は実に彼らの出番なのである。カーディナーも、落下傘兵などの兵科には、平時の生活に適応できない者が活躍の場を見いだすという。フランス軍でも落下傘兵は、本来の目的でなくデモ鎮圧に使われていた時期がある。

しかし、敵兵に対する個人的憎悪は戦友の惨殺と関連していることが多い[20]。ベトナム戦争の残虐行為にも同じ場合が少なくないようだ。一般には兵士同士には個人的憎悪はなく、日露戦争でも第一次大戦でも、対峙する両軍の間で休戦旗を掲げ、酒宴を開く「戦場交歓」がみられた[21]。日中戦争でも、中国兵への敬意を日本兵はしばしば語った。敵兵は「敵さん」と呼ばれることがあった。「逃れられない苦労を共にする者」という感覚が「苦労をさせやがる相手」という感覚と並んで底流していなくもないらしい。

12　戦争の後始末と平和の構築

リデル゠ハートは、その『戦略論』において、成功した戦争は少なく、また戦争の後遺症は予想外に永続的であるとしている。特にゲリラ戦の後遺症は長く残り、たとえばナポレオン軍に対するスペインのゲリラ闘争は百年以上後の二〇世紀のスペイン市民戦争にも影響していると考えている。これはほとんど外傷史観である。[22] ベトナム戦争以後の米国の政策は依然として「ベトナム症候群」の呪縛の中にあるという。[23] 日露戦争以後のわが国の、最終的に袋小路に至る彷徨の軌跡は、にわかに興った大国意識を含めて、日露戦争の後遺症ではないかと考えてみる価値があるだろう。

したがって、いかに戦争を終結し、その後遺症を防ぎ、平和を構築するかが非常に重要である。しかし、後遺症をできるだけ少なくするような戦争の終え方と、戦争を防止する積極的な平和構築については、戦争の準備以上の巧智と忍耐と見極めと断念と決断とを要するものであると思われる。[24]

「平和を欲するならば戦争に備えよ」とはローマ帝国以来の殺し文句である。しかし、積極的な平和構築が念頭にない戦争準備は時には戦争を呼ぶのである。ここで、積極的な平和構築は、勝利の維持とは別個であることを言っておかなければならない。勝利の状態は必ず一時的である。勝利にもとづく多国間体制を長期的に維持しえた例は仮にあってもきわめて少なく、その後にはしばしば災厄が待ち構えている。そのよい例は第一次大戦後のヴェルサイユ体制である。ウィルソンの理想主義的調停は破綻して、英仏は過剰な安全保障を求めてドイツを再び立ち上がれないようにすることを求めた。第二次大戦の火種がその中にあった。

もっとも成功した平和構築でも、ヨーロッパの近代に限っていえば、その有効期限は五〇年前後であるようである。五〇年にはどういう意味があるのだろうか。一七世紀、一八世紀など、世紀ごとの時代区分に何らかの意味があるようにみえるのは、ごくおおざっぱにみれば、各世紀のほぼ前半に戦争があって西欧全体を揺るがし、それに続いて、新たに生まれた比較的安定した世界で産業、科学、芸術、生活様式の革命的変化が起こるからではなかろうか。戦争とは、一六世紀の宗教戦争、一七世紀の三〇年戦争、一八世紀のルイ一四世がからんだ諸戦争、一九世紀のフランス革命とナポレオン戦争、二〇世紀の両世界大戦とロシア革命である。いずれも各世紀の前半に傾いている。

なぜ五〇年かということであるが、同じく原因のわからない周期に経済変動のコンドラチェフ周期（六〇年）がある。これは幼年期と老年期とを除いた人の寿命と同じである。戦争勃発のリスクが前の戦争を経験した世代の引退とともに高まるということが思い合わされる。科学と兵器とは継承され進歩するが、これと対照的に個人体験は個体の死滅とともに、世代体験はその世代の消滅とともに、失われるものが多い。そして新しい世代は古い世代より賢いとは限らない。もっとも、さらに大局的な安定が生まれることがある。アレクサンドロス大王が作りだしたヘレニズム世界と、それを継いだローマ世界、これにとって代わったイスラム世界である。いずれも数世紀の平和をもたらしたようにみえる。

この長寿は、その固有世界を超える一つの「普遍的」文化を創りだしたことによるもののようにみえる。ヘレニズム世界はインド大陸、中央アジアに及び、ローマ文化はガリア、ヒスパニア、ゲルマン、アフリカ世界にも波及した。反抗するゲルマン人もローマ文化には敬意を表するというのが特徴であり、このような同化力の強い普遍文化の中では次第に人種、宗教などの相違は二義的なものとなってゆく。

東アジアにおいて二千年を越える中国の覇権も、武力でなく、人種、宗教などを二義的とする普遍的文化によるものであった。(実際、中国の政治的統一時代はその歴史の半ばを越えない。)この普遍文化性は残念ながら日本文化が到達しえないもののようである。万一、秀吉軍が明軍に勝利して北京に入城しえたとしても、それは日本族が満洲族の代わりになっただけであろう。

米国文化はソ連時代のロシア人に対しても現代の中国人に対しても吸引力があることを証明したが、それが一八世紀のフランス文化、一九世紀の英国文化というヨーロッパ文化の下位文化の吸引力の程度を超えるものであるかどうかはまだいうことができないであろう。

戦争の終結にはいくつかの形態がある。戦敗国の併合(たとえば英国によるインド併合)、成功あるいは挫折した独立戦争、勝敗をサスペンドした状態での停戦の維持（たとえば朝鮮戦争）、低い水準での戦争状態の維持（たとえばイスラエルとパレスティナ）がある。模範例は講和条約の締結による戦争の結果の固定とされてきた。勝者は敗者に領土の割譲と賠償金の賦課を求めるものであるが、実際にこれが実現した場合はそれほど多くない。日露戦争は賠償金の取り立てに失敗したところを東アジアから得ようとして地域の平和構築失敗の原因を作った。普仏戦争、第一次大戦もこのモデルに従おうとして、平和の構築に失敗した例である。第二次大戦においてこのモデルに従おうとしたソ連は、従わなかった中国よりも怨恨を買い、パックス・ソヴィエティカの構築に失敗して瓦解した。

第二次大戦の終結はドイツと日本の場合が対照的である。ドイツの場合、一九四五年四月三〇日にヒトラーが自殺すると、五月八日の休戦前後にドイツ軍は遭遇した連合軍に個々別々に降伏していった。その過程で少なからぬ死傷者が出た。また、ドイツ兵はソ連兵の手を逃れて米英兵に投降しようとしたが、協定によって米英兵は彼らの一部をソ連軍に引き渡した。この間の犠牲者は一〇万と見積もられている。日本ではポツダム宣言という停戦後の青写真を連合国が示したことがソ連参戦あるいは原子爆弾よりも大きな力となったと私は思う。米軍上陸までの二週間以内のうちに本土決戦に備えていた兵士の大部分は復員してドイツのような摩擦はなかった。その間アメリカ空軍は都市の上空に爆撃機を飛ばして威圧を続けた。

冷戦の終結はユニークなものであるが、目下その中から生まれたもっとも積極的なものはＥＵ

の成立であるかにみえる。

それを可能にした条件を考えてみると、まず、一世紀半から二世紀以前にすでに「戦争を卒業した」北欧諸国という実例があった。次に二つの大戦の苦悩があった。EUは北欧モデルに倣い独仏和解の上に成立したということができる。さらに、冷戦下に共に苦しむという体験が必要であったと思われる。

四五年に及ぶ冷戦体験があればこそ、ヨーロッパが、ソ連瓦解の直後に、主要国が現在の国境を固定するという合意に達したということができよう。国境線は長い間ヨーロッパの紛争の火種であった。この合意は、冷戦後のヨーロッパの紛争再開を予防し、被害感情の出口を封じて、戦争の火種を絶つという大きい意義があるだろう。さらに、そうとなれば国境線の敷居を積極的に低めることが自然の成り行きとなるだろう。現在EUに多少距離を置いているのが、国境線問題がない島国の英国、国境線が安定していた（フィンランドを除く）スカンディナヴィア諸国であるのは偶然でないだろう。


一般に、敗戦国では戦後を否認する者と戦後を受容する者とにわかれる。第一次大戦後のドイツでは否認する者のほうが優勢であった。ドイツ本土がナポレオン戦争以後一世紀の間、戦場にならなかったためもあって、「背後の一突き」すなわち国内の敗北主義者の裏切りによる敗北だという宣伝がしきりになされた。第二次大戦ではイギリス、スウェーデン、スペイン、ポルトガルを除いてヨーロッパ諸国のことごとくが陸戦の戦場となった。国が陸戦場になるかならないかが戦争体験を左右する程度は大きいと思われる。日本の大部分は陸戦場にならなかった。死者の戦争体験は戦闘であろうと空襲であろうと平等であるが、生き残った者の体験に沖縄とその他の地方との落差があるのは、そのためもあるであろう。

日本は、六六三年の唐に対する白村江の敗戦以来、対外戦争の決定的敗北がなく、本土を占領されたこともなかったという希有な地域である。沖縄を除けば一九四五年から五二年までの米軍の占領が当時は意外に温和なものと受け取られたのは事実である。それは、軍が背水の陣を構築するために国民に予め与えた敗戦のイメージのグロテスクさによるところもあり、漏れ聞いていた日本軍外地占領の過酷さと希望のなさとの対比によるところも大きかった。また、島国であったために、深刻な国境問題を直面したこともなかった。

実際、当時の日本は敗戦から多くのものを搾り出した。占領軍によらなければ農地改革は完遂できなかったであろう。小作争議は戦前以上に大規模となったであろう。女性参政権、男女同権なども同様であって、日本の支配層は、占領軍の力によって、この種の改革に対する反対勢力を抑え、全体として戦後五〇年の国内の安定を紡ぎだしたということができる。戦争放棄は「懲罰」であると同時に一種の「みそぎ」と観念されて、「新生日本」が旧日本とは断然違うということの証しとしてしばしば活用された。専守防衛の思想を持つ自衛隊は戦前の軍との間に一線を画した。ベトナム戦争に韓国軍と並んで出兵を要請されなかったのも、現憲法の活用によるところが大きかろう。

戦後の改革は、千三百年以前の変化に似ている。それは白村江の敗戦後の変化である。[25]この敗戦を機に「倭国」は部族国家集合体であることをやめて、「日本」となり、唐に倣った位階制の存在を強調して中央集権官僚国家を発足させ、大使・留学生を派遣して唐主導下の平和に積極的に参加した。外征を一挙に停止し専守防衛に転じて北九州に城壁を築き、防人を張りつけた。しかも唐が白村江の捕虜を返還しおえるまでに数十年を要している。あるいは、唐は、倭国改め日本国が華夷秩序の傘下にとどまり続けるかどうかを「静観」していたのかもしれない。戦争の後遺症は古代でも長く続いたのである。

東アジアにおける平和の構築は、EUとはまた違った条件のもとに考えなければならないだろう。二〇世紀末のヨーロッパにあった条件は東アジアにはないからである。それに、そのような考察は、この一文の範囲を遠く越えたものにちがいない。ただ、ビスマルクがドイツの成長限界を考えたように日本の成長限界を考える必要があるだろう。そうして、日露戦争以後にあらわとなった日本人の、いざという時にみせる弱点をも。[26][27]

そもそも私がこのような一文を草することは途方もない逸脱だとわれながら思う。しかし、一度は書かずにおれなかったとも思う。それは山本七平氏や半藤一利氏を動かしたものと同じではないにしても遠くはないであろう。戦時中の小学生が「戦中派」といわれる時代であり、その

「戦中派」も陛下と同じく満七一歳を過ぎているのである。しかし、私の主眼は「理解」にある。私は戦争という人類史以来の人災の一端でも何とか理解しようと努めたつもりである。

あとがき

戦争について書こうとする作業は、私の一種の喪の作業であることに最近気づいた。遺骨収集、戦跡訪問、戦友会、記念碑建立なども同じく喪の作業である。親戚の中には戦死の状況を求めて米海軍公式戦史だけでなく、一空母の戦闘記録、戦友会にまで手を伸ばした人もある。喪の作業は、理不尽な喪失に折り合いをつけ、ある納得を得て、記憶の浄化を願う作業である。成仏とはこの浄化のことであろう。

ちなみに、戦時中、靖国神社に招かれたのは厳選された遺族代表である。春秋の大祭に誰でも出席できたわけではない。参加者には『靖国の絵巻』が配られた。それはそうそうたる画家たちの戦争画集であった。米国から返還されて公開が問題になっている戦争画の本来の目的はこの画集にあったと思われる。もっとも、惨烈な戦闘の画はフジタの玉砕図ぐらいであって、海戦図以外は清冽な画が少なくなかったと記憶する。

「太平洋戦争」という呼称は海軍が提案し、陸軍に押し切られて「大東亜戦争」となったものである。正確には第二次世界大戦の中国戦域、太平洋戦域、東アジア戦域というべきであろう。また、中国の一社会学者からの「日本人特殊説はもうたくさんで戦争を広くとりあげてほしい」という助言に励まされた。

最後に、百科事典、一般向き歴史書に載っている事項は文献から省略した。検索の便が大きくなった現在、翻訳書の原典は著者、題名、発行年を付記するに留めた。

註

（1）エランベルジェ（H. F. Ellenberger）「犯罪学の過去と現在」（*Criminologie passé et présent*, 1969）、中井久夫編訳『エランベルジェ著作集3』みすず書房、二〇〇〇年。二八三-二八四頁。著者は主に『無意識の発見――西欧力動精神医学史』で知られる精神科医、精神医学史家、犯罪学者。ユニークな視点で書かれた論文が多い。しかし、彼自身は戦争の犯罪学的研究を実際にはやれなかった。

（2）リデル＝ハート（B. H. Liddell Hart）『戦略論』（*Strategy*、一九五四年）下、森沢亀鶴訳、原書房、一九七一年、三六九頁。著者は英陸軍大尉で引退し、戦略論において反クラウゼヴィッツ的な「間接的アプローチ」を主唱した。第二次大戦においては将軍たちが彼に戦略を相談し「大将に教える大尉」といわれた。

（3）エランベルジェ（前出）『無意識の発見』（*Discovery of the Unconscious: The History and Evolution of Dynamic Psychiatry*, 1970）邦訳、木村敏、中井久夫他、弘文堂、一九八〇年、四三四-四七六頁、随所。

（4）カーディナー（Abram Kardiner）『戦争ストレスと神経症』（*War Stress and Neurotic Illness*, 1947）、中井久夫・加藤寛訳、みすず書房、二〇〇四年。掲載四〇症例。著者は修正フロイト派の精神科医、文化人類学者であるが、現在では本書がＰＴＳＤ概念の下敷きになったことによって知られる。

（5）エクスティンズ（Modris Eksteins）『春の祭典――第一次世界大戦とモダン・エイジの誕生』（*Rite of Spring: The Great War and the Birth of the Modern Age*、発行年不記載）、金利光訳、ＴＢＳブリタニカ、一九九一年、一五九頁以下（新版、みすず書房、二〇〇九）。英国の歴史学者でカナダで教える。無意味な大量殺戮に終始した第一次大戦の実相をもっとも生き生きと伝え、その西欧文化への決定的打撃を述べて、外傷史観とでもいうべきものを展開している。

（6）タックマン（Barbara W. Tuchman）『八月の砲声』（*The Guns of August*, 1962）筑摩書房、一九六五年、全篇にわたるが特に一から二三八頁まで。（およびリデル＝ハート『第一次世界大戦』（*History of the World War I*, 1970）上村達雄訳、中央公論新社、二〇〇〇年）特に第二章と第四章。本書は第一次大戦の最初の一カ月を語って、誰もが真剣に望んでいなかった戦争にほとんど全ヨーロッパがなだれこんでゆくさまをつぶさに述べている。歴史家からすればいくつかの事実誤認があるそうであるが、そのインパクトは、出版直後のキューバ危機において、米国大統領ケネディが本書を振りかざして、対ソ戦争の開始を意味するキューバ攻撃に反対したことで知られる。

（7）中井晶夫『海軍大尉中井一夫の生涯』ライフリサーチプレス、二〇〇〇年。なお、巌谷二三男『雷撃隊、出撃せよ』文春文庫、二〇〇三年（初版、一九五六年）の二四二-二四八頁に簡単な戦闘記事がある。

（8）エジプトはナポレオン侵攻に刺激されて副王モハメッド・アリの統治下にフランスの指導によって世界最初の近代化を開始した。綿を始めとするナイル・デルタの灌漑農業はこれ以後のものである。エジプト軍は初期から外征を行ない、スーダンの他、パレスティナに出兵している。しかし、エジプトはトルコより優秀な海陸軍備を持ってもその属領という地位を脱することができず、トルコに代ってギリシャ独立戦争を弾圧する羽目になり、またスエズ運河開鑿に際してはフランスの陥穽に落ちて多額の費用を失うなど、財政は危機に陥り、ついに英仏の管理下に入り、一八八一年のエジプト陸軍青年将校の反乱も弾圧され、英艦隊はアレクサンドリアを砲撃、上陸してカイロを占領、エジプトは英国覇権下に完全に入り、ついに一九一四年、英領となった。なお、この反乱を指揮したアラービー大佐をセイロン島の流刑地に日本の谷干城中将、柴四朗（東海散士）が訪問して英国の策略について教えを乞うている。

エチオピア史については岡倉登志『エチオピアの歴史』明石書店、一九九九年が詳しい（著者は岡倉天心の孫）。特にその近代化、第一次イタリア・エチオピア戦争の項参照。なお、エチオピアの近代化に当たってハイレ・セラシェはスウェーデン人顧問に大きく依存した。皇太子を含む米国留学帰国組が大きな勢力となって陰謀が企てられたといわれ、皇太子処刑以後、帝政は急速に傾き、ソ連に後押しされた〝社会主義〟者が皇帝を幽閉殺害する。

タイ国は、一九四〇年、フランスの対独戦敗北を期にカンボジャに出兵したが、その海軍主力の海防艦二隻および水雷艇をフランス極東艦隊によって撃沈破され、挫折した。なお、タイはエチオピアと同じく大国を避けてデンマルクの援助を求めたが、英国の影響圏から脱することは長く困難であった。なお、村嶋英治『ピブーン——独立タイ王国の立憲革命』岩波書店、一九九六年。

(9) ウッドハウス暎子『日露戦争を演出した男モリソン』上下、東洋経済新報社、一九八八年（新潮文庫、二〇〇四年）。シドニー大学修士論文を骨子として、『タイムズ』紙北京特派員モリソン（オーストラリア人）の日記を主な一次資料に用いて日露戦争に日本を誘導する過程をつぶさに述べている。

(10) タックマン前掲書、特に後半。およびリデル＝ハート『第一次世界大戦』（前掲書）第四章。

(11) 北村稔『「南京事件」の研究——その実像を求めて』文藝春秋、二〇〇三年。なお白石喜彦『石川達三の戦争小説』翰林書房、二〇〇三年。石川は南京攻略を主題にした小説を書いた唯一の作家である。

(12) ゴールドバーグ（Vicki Goldberg）『美しき「ライフ」の伝説——写真家マーガレット・バーク＝ホワイト』（*Margaret Burke-White, a Biography*, 1986）佐藤秀樹訳、平凡社、一九九一年、四九五頁。主人公は写真雑誌『ライフ』に非常な危険を冒して撮影したものを含む多数の報道写真を掲載してニューディールから第二次大戦期に最大の注目を浴びた写真家の一人。

（13）ダットン＋ゴラント（Donald G. Dutton and Susan K. Golant）『なぜ夫は、愛する妻を殴るのか?』（*The Batterer: A psychological profile*, 1995）中村正訳、作品社、二〇〇一年、一一頁。ここに述べた主張は本書全体に底流している。

（14）エリオット＝ベートマン（Michael Elliott-Bateman）『毛沢東のゲリラ戦略』（*Defeat in the East: The Mark of Mao Tse-tung on War*）宍戸寛監訳、オックスフォード大学出版局、東京、一九六九年。原典と同時出版とみられる。著者は英国陸軍少将。本書は、マレー作戦における日本軍の勝利を研究して、アジアの軍隊が西欧の軍隊では将校に限定されている戦争の意義と情報を兵士に告げていることに注目したものである。なお、手元にないが、ウィルフレッド・バーチェット『十七度線の北』上下、岩波新書の記憶がある。彼はオーストラリアの記者で明らかに社会主義者であり、ベトナム軍を理想化しているが、ジャングルの中で攻撃目標の実物大模型を作り、討論によって戦法を決め、練習を重ねてから実戦に移ることは、少なくとも対フランスの第一次ベトナム戦争では行なわれていたと思われる。強迫的なまでの綿密さ、完璧主義はベトナムの国民性の一面である。

（15）グロスマン（Dave Grossman）『人殺しの心理学』（*On Killing: The Psychological Cost of Learning to Kill in War and Society*）安原和見訳、原書房、一九九八年（後に『ちくま学芸文庫』に入った）。特に三一五-三七一頁。著者は米軍の心理学将校から大学教授になった人である。

（16）野嶋剛『イラク戦争従軍記』朝日新聞社、二〇〇四年、六四頁。イラク戦争では米軍は記者の「同行取材」を認めて、報道者が米軍との同一視に傾くことを狙った。

（17）フェリル（Arthur Ferrill）『戦争の起源』（*The Origins of War: From the Stone Age to Alexander the Great*, 1985）河出書房新社、一九八八年。著者は米国の古代軍事史研究者。本書は石器時代の線刻に現れた戦闘図の戦法がすでに現在の眼からみても妥当であるとし、またアレクサンダー大王までの戦術史を述べ、さらに大王以来ナポレオンまで基本的に戦術は同一であると観察している。

(18) 白石喜彦、前掲書。

(19) 守屋正『比島捕虜病院の記録』金剛出版、一九七三年。著者は京大医学部出身の内科医で応召軍医。本書の大部分は捕虜病院における献身的な一米軍医との友情を記したものであるが、本書の一八頁から五一頁まで、ルソン島作戦後期の軍民相携えての山中彷徨を記し、特に「ジャパン・ゲリラ」すなわち離脱日本兵による日本人狩り、人肉食を記している。著者はこの項を記すのに一八年ためらったという。本土決戦の終末は、巨大なルソン島におけるこの惨劇の再現である可能性があると私は思った。

(20) たとえばカーディナーの症例6(邦訳五〇頁以下)。孤立した兵士(たとえば第二次大戦の米軍における代替要員)は士気を保てない。戦友の意味についてはフェリル前掲書に散在している。戦友の絆は、友愛と見捨てられ恐怖との共存であろう。

(21) エクスタインズ、前掲書、一五七-一八五頁。

(22) リデル=ハート、前掲書、第二十三章「ゲリラ戦」(邦訳三九四-四〇四頁)。特に四〇〇-四〇三頁はゲリラ戦争の特質を述べて、特にその後遺症がゲリラ戦争を遂行した側の人心の不安定を長く生むことを指摘している。「ナポレオンのスペイン正規軍の撃破もその正規軍にとって代わったゲリラ集団の成功によって相殺された。……それは(英国遠征軍を指揮してナポレオン軍を敗走させた)ウェリントンの勝利以上のものがあった。しかし、それは、スペインに平和をもたらさなかった。……それに引き続いて武装革命が伝染病的に拡がり、半世紀にわたって次から次へと続いたあげく、今世紀にも再び勃発したからである。/もう一つの不吉な例は、一八七〇年におけるドイツ侵入軍を悩ますべく創始された「フランス狙撃団」がもたらした弊害である。……ドイツ侵入軍にとっては単にうるさいという程度のものであったが、それは「コンミューン」として知られる同胞相食む恐ろしい闘争の組織に発展した。その上、「非合法行動」という遺産がその後のフランス史における持続的な弱点となった」(同書四〇三頁、三ヵ所訳語変更)。イラク、パレスティナの今後を考える。

（23）松岡完『ベトナム症候群』中公新書、二〇〇三年。

（24）アイケンベリー（G. John Ikenberry）『アフター・ヴィクトリー』（*After Victory: Institution, Strategic Restraint, and the Rebuilding of Orders after Major Wars*）鈴木康雄訳、ＮＴＴ出版、二〇〇四年。私がこの専門書をきちんと読めたと誤解しないでいただきたいが、ナポレオン戦争後、第一次、第二次世界大戦後、冷戦後の戦後構築についての批判的叙述である。平和構築に関与する外交官は知己を百年後に持つという覚悟が必要だろう。

（25）遠山美都男『白村江――古代東アジア大戦の謎』講談社現代新書、一九九七年。

（26）山本七平『日本はなぜ敗れるのか――敗因21カ条』角川書店、二〇〇四年（初出一九七五-七六年）。「敗れた」という過去形でないことに注意。

（27）半藤一利『昭和史』平凡社、二〇〇四年。

山本、半藤両氏の叙述を読むと、国民集団としての日本人の弱点を思わずにはいられない。それは、おみこしの熱狂と無責任とに例えられようか。みこしを担ぐ者も、みこしに載る者も、誰もみこしの方向を定めることができない。ぶらさがっている者がいても、力は平均化して、みこしは道路上を直線的に進む限りまず傾かない。この欠陥が露呈するのは曲がり角であり、みこしが思わぬ方向に行き、あるいは傾いて破壊を自他に及ぼす。しかも、誰もが自分は全力を尽くしていたのだと思っている。醒めている者も、ふつう亡命の可能性に乏しいから、担いでいるふりをしないわけにはゆかない。

なお中井久夫「一九九〇年の世界を考える」『日本病跡学雑誌』第四〇号、一九九〇年（中井久夫『精神科医がものを書く時』Ⅰ、一〇一-一二四頁、広英社、一九九六年所収）。これはナポレオン戦争以後の全世界の戦争データベースにもとづく冷戦終了時の戦争研究である。

戦争と個人史

（二〇〇七年五月一一日　甲南大学人間科学研究所での講演）

みなさんこんにちは、中井です。

子ども時代に体験した戦争がその後のその人の人生にどのような影響を与えたのでしょうか？戦争がのこしたトラウマとはどういったものだったのでしょうか。戦争経験を、子どもが体験した形で調査しておくというのは必要なことでしょう。

それでは、私なりに戦争体験を考える上での課題や前提などをお話ししたいと思います。

1　ドイツとの比較

ドイツは日本と同じ敗戦国です。ドイツでも、戦争中に子どもとして過ごした人たちが敗戦をどうとらえたか調査が行われています。ドイツの大学と兵庫県こころのケアセンターおよび甲南大学人間科学研究所でも質問紙やインタビューで共同調査が進められています。

ドイツと日本の敗戦のあり方は異なっています。

ドイツの場合は、一九四五年の四月三〇日ですが、ヒトラーが自殺しています。彼は「お前たちはドイツに値しないから死刑である」と、自分に値しないのかドイツに値しないのかはわかりませんが、ドイツ国民全部に死刑を宣告して死んだ、という伝聞もあります。そのあとは、デーニッツという潜水艦隊の司令官になった人が、ヒトラーの死後、後継者に指名されています。ただ全然統制は行き届いておりません。つまり、敗戦といっても流れ解散みたいになりまして、一斉に銃を下したのではなくて、アメリカ軍と向かい合っているドイツ軍が個々に降伏するという形をとっています。五月八日のことです。

これは『戦争犯罪事典』という本のなかにのっていますが、それ以後でもドイツはこのときに一〇万人くらいの死者［正確な数は不明］を出しています。とにかく例の強制収容所という問題をドイツは背負っていますから戦後のドイツ側の被害をいいたくてもいえないことがいっぱいあるわけです。また、占領地の、特にチェコスロヴァキア、ポーランドなどに対するドイツ軍の虐殺の問題［一方、フロイデンシュタットの虐殺などドイツ側も虐殺対象になっていた］があります。それからいろんな形で犠牲者を出しています。

ナチス軍には、ノルウェー、スペイン、義勇師団も参加していますし、ロシア人も参加しています。そしてこういう人がどこに降伏するのか。四か国の英、米、仏、ソ、どこに降伏するか。もしソ連に降伏したら大変なことになります。ロシア（ソ連）に対しては、ドイツはジェノサイドに近いことをしていますから、それでなんとかアメリカ軍に降伏したいと思う人が多くいました。米ソの協定で降伏してきたドイツ兵をアメリカが追い返して、ソ連軍に引き渡すような事件があって、そこで絶望的な撃ち合いになるようなこともありました。

日本の敗戦はこれに対して、上層部でごたごたがあったことは実はあとで知ったことであって、突然（玉音）放送があって終戦が知らされます。それで、もうその日にはダイヤ通りに列車が走ってくるのですね。列車が定刻にホームに入ってくることに感銘をうけた、感動したという記録はいくつもあります。

ポツダム宣言受諾後、八月一五日に玉音放送が流れ、九月二日に正式調印しました。日本の船舶にはスカジャップ（ＳＣＡＪＡＰ）旗が翻るようになりました。

2　個人の戦争体験を語るということと戦争体験の聞き取り方

私がここで考えてみたいのは、戦争体験研究の前提として、ベースをどう通過したか。ベースを考えてみたんですね。個人が生活史のどの段階で、どういうベースをもってそれをどのように通過したか。

思うに、戦争体験といえば、たとえば沖縄や広島などで語り部があります。あるいは震災の語り部というのはありますが、やはり同じ体験の語りを聞き取るにしてもそれとは違ったものにならなくてはならないと思います。

私には、中国との戦争がはじまったときの一九三七年二月、三月から記憶がありますが、私が三歳のときですね。それから日独伊三国同盟がありまして、これで日本は引き返せなくなります。これが一九四〇年です。アメリカとの開戦が一九四一年一二月八日で、この日は曇った寒い日でした。これがアメリカ、イギリスに対する宣戦布告です。そして、敗戦の時は、小学校六年生の夏です。一九四五年八月一五日になります。

そういうわけですが、このとき一世代どころか一学年違うと体験がずいぶん違うんですね。家内が一九四一年生まれです。最初の記憶は、空襲のもえる火のなかを逃げるという記憶だったそうですが、これは実は、六〇歳をすぎるまで話したことはありませんでした。戦争体験において個人差は随分あります。個人史はありますが、やはりちょっと新しい見方もしなくてはなりません。

私の子ども時代の体験を思い出しますと、子どもというのはそれほど内省的ではありません。その代わり非常なリアリストでありました。リアリストとはどういうことかといいますと、たとえば、おそらくそこらへんの小学生を捕まえると、自動車の形についてはどこの会社の何型である、と即座に答えます。そういうわけですから、あのときにどう感じたか、将来どうなるかなんてわからないわけです。

それよりも大人がどういうふうにみえたか、あるいは自分の周りで戦死者がでているはずですから、そのときどう感じたか。周りの大人はどう反応したか。彼ら自身の戦争体験をきくならば、学校の先生は学年によってかわっていくわけですが、先生がどういうことを教えたか。それから先生自身が、戦争で戦傷をおってかえってきたりすることもありましたが、それからどういうふうに変わったのか、周りのことを聞いた方が話しやすいと思います。

私も、空襲でアメリカの爆撃機が低空を飛んできて、そこにどんな絵がかいてあったかを覚えています。そのときどう感じたかとなりますと、むしろ何も感じません。あるいは美しいと思ったと思います。一種、離人症的な状態であったのじゃないかと思われます。恐怖とかはむしろ感じないんですね。

それから戦勝のとき、周りがどうだったかを聞かれるのもよいですね。

一九四二年(昭和一七年)六月、日本の海軍は決定的な敗北を喫します。けれどもその年いっぱいというのはぎりぎりもちこたえているというかんじであり、四三年というのは中だるみの時期、四四年にはいよいよ敗色濃くなってきました。転機であるサイパンを失うという四四年六月、そのときそれをどう体験したのか。

もし聞かれたらたぶん内容のある答えがかえってくると思います。もちろん聞く側もそのころの歴史を頭においておかれる必要があります。

つぎにどういうベース（成育背景）をもっていたかということで思いついたところで例をあげます。私と同世代の明仁天皇、それから東条英機と柴五郎です。

明仁天皇

明仁天皇［一九三三年一二月生まれ。今上天皇］は、私と何日かくらいしか誕生日が違いません。彼がどういう戦争体験をされたか私はしりません。とにかく父親と離されて別の場所でいらした。昭和天皇が万一亡くなった時に重要な皇統を継ぐ人として別に疎開させられました。この体験はかなりしんどいと思います。それから『孤獨の人』［藤島泰輔、岩波文庫］という小説のモデルになっておられますが、この本には——戦後の学習院というところはたぶんそういうところだったかと思うんですが——おやじがドジをするから俺たちはひどい目にあったんだと、戦後、貴族、華族でなくなったり財産をとりあげられた人たちの悲愴な特権意識や排他的意識、皇太子が権力争いの道具になる様子が書かれています。それに対して、大いに問題になりましたから、そういうことがもしかしたらあったかもしれません。

そして明仁天皇が高等学校のときには、『西園寺公と政局』［大正・昭和期の政治家であり西園寺公望の私設秘書でもあった原田熊雄が口述した記録文書。「原田日記」ともいう］であるとか、あるいは深井英五の「枢密院重要議事覚書」であるとか——これは非常に面白い。東条が興奮するようなところが出てきたりして……——そういったものを克明に読まれて、昭和天皇に、お父様これはどういうことですかとかなり鋭い質問をされたという話があります。

あてにはなりませんが、ほかにも天皇職業論という考えであるとか、これは皇太子時代ですけれども、宣戦の書類に対しサインすべきかどうか、かなりなやまれていたように話しておられたという噂話をきいたことがあります。

東条英機

東条英機［一八八四—一九四八］は戦時中の、一九四四年六月サイパン陥落までの首相ですが、彼が首相になったのは近衛文麿が内閣をなげだしたからです。

東条のその後の行動については猪瀬直樹の『昭和16年夏の敗戦』にかなり詳しくかかれています。近衛首相は当時日独伊三国同盟を結び華北にまで戦争を広げていました。

ただ、開戦直後には東条も、昭和天皇も躁状態になっていても不思議ではない。これは昭和一七年元旦の天皇の御製［峰つづきおほふむら雲ふく風のはやくはらへとただいのるなり］からみてもわかるかもしれません。

東条が日露戦争のときに士官学校の二年生であって、繰り上げ卒業で任官したけれどもどうも出征するまでに戦争が終わっています。前年一九〇四年だったと思います。

日露戦争時の東条のお父さん英教《ひでのり》中将は不名誉予備役をおせつけられているはずです。これはどういうことかといいますと彼はフランス留学の砲兵中将、砲兵畑の人です。非常に合理的で政情に明るい人です。ですが、下からあげてくる数字がでたらめであったらどうしようもありません。「この攻撃は無謀だからできない」と拒否しています。

この話は非常に有名でありまして、陸軍で知らないものがいないくらいです。私の一族も陸軍のはしくれに入っていて、あの東条の息子だからな、という話をきいています。ですから本人は士官学校の上級生としてかなり屈辱を味わったのではないかと思います。

東条英機は太平洋戦争の開戦直前において中国からの撤兵か否かをせまられるわけです。そのときにたぶん父親がそういう人であることを、だれも思い合わせなかったのかと思うのですけれど、実はほかに適任者がいなかったんだと思います。陸軍部内の噂からですと、彼は、兵をひいたら親子二代にわたって臆病者といわれますから心理的にひくにひけなかったのでしょう。

さらにもうひとつ、彼の家系は盛岡藩、つまり賊軍のほう、しかも能役者、そして実際は東京にいたわけです。江戸の藩邸にいたわけですけれども、役者の家柄のこせがれが、というのを陸軍の人たちが言っていたのを、私も直接聞いております。

ですからそういう時代に士官学校を出て――出たらまあ彼は戦争にいかなくてよかったわけですが――その後は戦後の不況といった状態です。

東条はドイツと、まあ陸軍の将官もこれは同じですが同一化しているわけです。当時は第一次世界大戦のことを日独戦争とよんでいました［第一次世界大戦において日本はドイツに宣戦布告し、青島を攻略、南洋のドイツ植民地も手に入れる］。日本がドイツを敵にまわしたことについてドイツはかなり抗議しています。とくに陸軍はわれわれが作った、育ててやったんだと抗議しましたし、また日本陸軍側にもそれにひそかに賛同するものも多くいました。

大戦中彼が何をしていたかは知りませんが、世界大戦がおわってからまだ三年くらいの一九二一年、バーデン・バーデンの盟［永田鉄山、小畑敏四郎、岡村寧次らが陸軍の改革、満蒙問題の早期解決を誓い合った］という、これは三人の陸軍将官がバーデン・バーデンというドイツの湯治場に集まって誓いをしました。この誓いの内容は正確には知りませんが、統制派といわれる陸軍、まあ実際には戦争に没入していった人の集まりではないかと思います。東条もこの集まりに加わっていきます。

東条（英機）と石原（完爾）は、その後性格的にあわなくなるんですが、どちらも満洲国の建設にかかわっております。

東条は、実際には小心な人ではなくて神経質な人といわれてきた人ですが、こういうときは大言壮語しているんじゃないかと思います。たぶん実戦経験がほとんどない人です。軍の官僚ですね。一度だけオルドス出兵の指揮をとりました［察哈爾《チャハル》作戦］。これは満洲国をモンゴルに拡大しようとした作戦で、どうもうまくいかなかったようです。つまり将官としては不適であるということです。

柴五郎

柴五郎［一八六〇―一九四五　陸軍軍人］というのは、一九〇〇年の義和団の乱――北清事変ともいわれますが――連合軍の指揮をともにとって北京に籠城し戦った人です。『北京の55日』という映画にもなっています。

彼は略奪も何もさせなかったことで、非常によかったとたたえられている人です。この人は少年時代に会津藩の少年兵であって、青森県の地図でいうと右側の下北半島へ会津藩はうつされるわけです。そこで木の根をかじるような生活、非常にひどい処遇をうけます。実際かなり過酷なものです。

ちなみに官軍と称する薩長が、幕府の側にしたことは名前をうばうことです。県庁所在地と県の名前が一致しないところは、だいたい官軍がそれを収奪しました。例外もあります［藩都の名前がそのまま県の名前になっているところは官軍側］。

実際、愛知というのは小さな川の名前です。栃木県、徳川の廟があるところですが、栃木という名がどこにあるかたいていの人は知りません。

すべての将軍たちをあげられませんが、どういうベースを通過してきたか、その後その人にどう影響を与えたか参考になるかもしれません。

3　戦争ベース

次に戦争ベースと平和ベースの二つのベースについて説明したいと思います。戦争と平和はベースがちがいます。もちろん平和の中にも戦争があるものですが、戦争の中にも平和があります。両者は完全にわけられるものではありません。

ただ、戦争がベースになってくるというのは何かまったく平和のときと違う。これはちがうのですけれども言葉にすると非常にあやしいものです。ですから私は戦争がベースとしかいえないわけです。

戦争準備期

だいたい開戦のときまでは戦争ベースは非常にはっきりしておりません。まず準備期があるわけですが、『日米もし戦わば』［多くの日米戦争論の本が大正年間に出た］、この本はたぶん日露戦争直後から出てきています。

実際には日露戦争の四年後の一九〇八年にアメリカは一六隻の最新の戦艦を連ねて東京湾を訪問するわけです。これは第二の黒船事件のようなものです。このとき出迎えた日本の艦船はわずかです。そのうち三笠［大日本帝国海軍の軍艦。イギリスで建造される。日露戦争での連合艦隊旗艦。

一九〇五年に弾薬庫の爆発事故で沈没する」というのは有名な軍艦で、東郷平八郎もこれに乗りましたけれどもこの直後に爆発して場末にみすぼらしい姿になっていたということです。

このデモンストレーションはペリーの黒船と同じですが、満洲の利権をアメリカもわかちたいと申し出たのに対して日本がゼロ回答しています。これに対する反応だと思います。日露戦争はアメリカの仲裁で終わりましたが、これがなければシベリアに進出する能力はもはや残っておりませんでしたから日本は負けているはずです。

軍人はある程度の身長が必要ですが一メートル五〇センチ以下の兵隊をとってもなお補充が追い付かない状態でした。まあ兵隊の半分以上は脚気で縮んでいます。

おそらく日露戦争の戦争処理のしかたというのが、ひとつはアメリカの怒りを買い、朝鮮はいうまでもありません。中国は非常に日露戦争で日本側に協力したのです。地図が全然ないにひとしい満洲で、つねに日本が奇襲、後方の鉄道爆破などをできたのは中国の将校が変装して戦闘にたってくれたおかげといわれます。

中国の協力に対して日本は、ロシアの利権を中国に全然返しませんでした。つまり中国にとっては、ロシアに日本がいれかわっただけだったのです。隣国のうらみを盛大にかったわけです。ここでもう日本は孤立しています。

イギリスも日露戦争の勝利を祝賀するという理由で東洋艦隊を大阪湾に送っています。実際は、日露戦争はイギリスがバックアップしましたが、インドを守るために日本を味方につけたわけで、ギリシャを援助したのもスエズ運河を守るためにすぎません。

昭和ひとけたというのは、四、五年ごとに戦争をしていたと思います。シベリア出兵をふくめてです。私の子どもの頃には日露戦争を体験した人も周りにいました。日清戦争は短かったですし、あまり戦死者を出さなかったのでそんなに記憶にはのこっていません。日清戦争は賠償金で三億両もうけましたけれど、日露戦争では賠償金もゼロで対外的な借金もあったので、日本の国外膨張にはお金のこともあったと思います。しかし、日露戦争の勝利というのは非常に強調されました。

開戦までの時期、小説などの世界でもいろいろと空想が行われています。芥川龍之介が日本とフランスの艦隊が戦うという架空の物語［廾年後之戦争］を述べていて、日本海軍の敗北に終わっています。これはおそらく警告です。

だんだんと願望思考がふえてきます。

つまり、ひょっとしたら戦争に勝てるのではないかと。ここでアメリカの戦意を低くみるということが行われました。実際アメリカという国は自分からは戦争するという体裁をとりません。アメリカにはヨーロッパからの移民が多く、しかもヨーロッパはしょっちゅう戦争をしていますので、人びとには兵隊にとられるのはいやだと戦争を忌憚する傾向があります。ですから受けて立たなくてはなりません。日本では自分が挑戦することをchallengeといいますが、アメリカでは相手が向かってくることをchallengeと言って、受けて立つという意味です。

米西戦争でもそうです。これはアメリカとスペインとの戦争です〔一八九八年に起こった戦争。アメリカの勝利におわる〕。アメリカの戦艦は二隻しかありませんでした。アメリカのメイン号という艦船一隻がハバナで派手に沈められるんですね。誰が沈めたか知りませんけれど、たぶんスペインが沈めたわけでないでしょう。

ですから、パールハーバーなどはこちらがまったくその中に入っていったようなものです。ただ、日本を追い込んだのはアメリカだけではありません。アメリカが参戦しなかったら絶対勝つことがないであろうと思っていた英国ウィンストン・チャーチルと中国の蔣介石のアメリカに対するロビー活動はものすごいものだったそうです。そんなことを日本はわからなかったんですね。

ただ中国との戦争はどう終えるかわからなくなってきまして、そして引き換えし不能感がでてきました。このときには非常に誇大的なものがでてきます。

開戦前夜のマルス（軍神）感覚

それから開戦前夜にはなにか絶対これはさけられないといったような、非常に重苦しいものが出てきました。実感として覚えています。

私にとっては、イラクのクウェート侵攻、湾岸戦争で開戦するかというとき、あれは太平洋戦争のときの再現でした。非常に重苦しい感じをうけました。そのときも引き返し不能感があったと思います。

昭和一六年二月の朝日新聞に、日本とアメリカが戦う仮想図がありまして、地図がのりました。これはたまらんと思って太平洋のどこかある部分をしきってそこでやってくれたらいいなあ、と思ったものです。

開戦直後と開戦一カ月後の戦勝モード

第一次世界大戦のはじまったとき、ベルグソンによるとなにか目に見えない重苦しいものが部屋のなかにはいってきたそうです。

日本の場合に、太平洋戦争がはじまったとき、たとえば、辰野隆という東大の仏文学の教授は「きたるべきものがきた」とか「ざまあみろということであります」とかいっておりますが、一般の人の反応はちょっと躁状態のものが多かったように思います。私の反応は全然違ったものでしたが、まあいいでしょう。

ただ、開戦から一カ月のあいだは、どういうことになったか。植民地軍に勝って本国軍に負けたということです。しかし、植民地軍がまけることは、あちらは想定済みでした。とにかく植民地軍にせよ日本はこんなに勝つとは思っていなかったようです。地図の上ではどんどん領土が広がるので、何か躁状態になって戦勝モードになってきます。高揚状態はありました。

徴候失認

それから非常な徴候失認が起こります。いやなことがあると見えなくなります。とくに軍人はそうです。

その後、ミッドウェイの海戦というのは決定的になります。決定的な展開、それを準備していたのはアメリカの機動部隊が東京を爆撃したことです。それが四月の一八日です〔航空母艦をつかって日本本土にアメリカがはじめての爆撃をする〕。四二年二月一日には当時の日本占領下であるマーシャル群島にアメリカの航空母艦が機動攻撃をかけています〔マーシャル・ギルバート諸島機動空襲〕。しかし、このときの宇垣中将〔宇垣纏　うがきまとめ　一八九〇―一九四五　海軍軍人〕の書いた『戦藻録』という日記を読んでいると、その戦闘については一行しか書いていません。アメリカの戦意が高いことに必ずしも注目していません。

ちなみに私の一族のひとりはこのときアメリカの航空母艦に体当たりして死んでいます〔中井一夫大尉。中井晶夫の著作『海軍大尉中井一夫の生涯――空母エンタープライズに初の体当たりをした攻撃隊長』に詳しい。『ライフ』に黒煙をあげる空母の写真が掲載されている。中井家伝説によると弔問に嶋田繁太郎海軍大臣があらわれ、その時に嶋田大臣の使用した便所はおそれおおくて「嶋田便所」と呼ばれその後誰もはいらなかったとか〕。ずいぶん発表がおそかったようで当時はすぐには知りませんでした。

クリオの転換期と希望的観測

クリオという歴史の女神がいますが、歴史の神様はくるっとひっくりかえって、戦況がかわってきます。そこからは戦争というものに希望的観測が出てきます。それはアメリカも同じです。たとえば、日本人は生理的に飛行機が操縦できない。眼の具合が飛行機の操縦に向かないとかどうかとか考えたようです。しかしアメリカは、途中からは日本を過大評価するようになります。アメリカがつくった軍艦の数は、日本を三遍まかせるぐらい多いでしょうね。ですから、軍需産業がさかえるわけです。

慢性戦争

そのあとは、慢性戦争状態になります。

そのころの大人の会話を聞いていると「虎屋の羊羹はおいしかったなあ」とか「もう一度アンパンを食べてから死にたいなあ」とかいった会話が多く聞かれるようになります。

戦争の高揚状態はたしかにありましたが、そんなに長くつづかないんですね。それを子どもたちがどう見ていたかが重要です。

敗戦モードと敗戦直前の勝利感覚

そして私は、負ける、この負けるけれどもどんな形になるかわからないと思いはじめたのは、必死になって戦えという「必死敢闘」というスローガンが、あかるく戦えという「明朗敢闘」というスローガンに変わったときです。たぶん敗戦の一年前くらいです。四四年の一〇月にレイテ島の決戦が行われると、言われるようになりました。決戦というのはこれで負けたら戦争をやめるということですけれども、おかしなことにもう一回沖縄の決戦ということを言い出しました。

私は記憶していないですが、敗戦直前には奇妙な無重力感覚がときにあるようです。

第一次世界大戦において、一九一八年第二次マルヌの戦い［ルーデンドルフ攻勢］で、劣勢だったドイツはもう一度パリに迫ります。しかし、インフルエンザ（スペイン風邪）でもう兵士がまいってしまっていて攻撃できなかった、ドイツの食糧不足が深刻だったという説もあるようです。

第二次世界大戦においても、一九四四年のドイツのルントシュテット攻勢があります。アルデンヌの森の戦いとして有名で、映画でご覧になられたかたもあるかと思います［映画『バルジ大作戦』］。

同じように、日本は本土決戦でいよいよやるんだということをいっています。

硫黄島の戦いを両側から描いた映画が出てきましたね［クリント・イーストウッド監督の二部作。硫黄島の戦いを日米双方の視点から描いた。『硫黄島からの手紙』『父親たちの星条旗』］。日本の場合にはとにかくアメリカ軍は、硫黄島と沖縄の経験がありますから、二週間くらいは本土にあがってこない。どういう特攻攻撃があるかわかりませんから。そのかわりB29という世界最大の爆撃機が、日本の上空を非常な低空旋回――二〇〇メートルくらいでしょうか――を二週間くらい続けて行って立ち去っています。その恐怖は今も覚えています。

終戦接近感覚

敗戦が近づいた感覚はあるはずなのですが、このへんになると人それぞれだろうと思います。戦争というものは一人ひとりの体験がずいぶん違います。となりの人が機銃掃射をうけて死んでも私にあたらなければ、私には私の人生がありますから。そのことをなんとも思わなくなる、餓死者がいてもなんとも思わなくなります。だから非常に個別な体験です。

ところが、そろって体験するような印象が大きくなるものです。そろって体験したと思いたくなります。共感されたいという気持ちは、人間にあるからです。

4　平和ベース

こんどは平和がベースという方になるとみなさん十分経験されたと思います。

平和回復期

敗戦側の復興期においては幻想期と幻滅期があります。同様に勝利者側の占領期においても幻想期と幻滅期はあるわけです。どういう幻想であるのか。たとえば、アメリカ軍がパリにはいってきたときは、フランス人がアメリカ兵に我を忘れて接吻したとか、アメリカ兵もフランス女性に接吻したりという話もありますが、そういうものは長く続きません。

日本は、今度は日本の占領軍に幻想をもちます。

というわけで、ＧＩ［アメリカ陸軍兵士の俗称］善良説・善玉説とかマッカーサーは神のごとしとなります。こういう感じ方というのは、一般的なのかどうかわかりませんが、日産をたてなおしたゴーンというレバノン系ブラジル人がいましたね。ゴーンに対する幻想は、このゴーンに日本の首相になってもらったらどうだなんていっている人もいたらしいです。私はびっくりしました。彼は、ただリストラをやって利益をあげただけの人です。

こうした考え方は、わりと日本の青臭いところではないかと思います。

マッカーサー幻想というものが出てきます。ただし、マッカーサーは占領者としては日本の占領者よりよほどすぐれていたと思います。どこまでやれるかその限界をしっていた。彼は何でもできたはずですが、日本の国教をキリスト教にせよというローマ法王からの運動を結局は退けています。

日本語表記をローマ字にしようという運動が、日本からおこったわけですが、アメリカ軍が非常に精密な識字率の調査をして日本は極めて識字率が高い、現行の漢字、仮名で十分いいと結論します。一方、日本軍が南方、ジャワや昭南（シンガポール）で日本語をおしつけています。南方向けの簡単な日本語みたいなものを作らせています。ようするに、カタコト日本語です。それを現地の人におしつけているんですね。

復興後には不平等と欲求不満が生じます。まあ結局、戦争によって得られたものというのは長く続きません。リデル＝ハート［イギリスの軍事戦略家。軍事史研究者。個性が強烈であったために軍に不適応だった］というイギリスの陸軍大尉が、戦術家になって戦争の研究をやっています。この人が、「勝利の果実は短く戦争後遺症は長し」といっています。戦争で得られたもの、戦争の果実というのはせいぜい四〇年しかつづかないけれど、戦争の後遺症は一五〇年続くことがあります。

戦争放棄モデル（スイス、スウェーデン、日本？）

では、もう戦争をやめてしまったらどうか、卒業したらどうかという話になってきます。

スウェーデンがロシアと戦って敗れてから、戦争放棄モデルというものが出てきます。これは、到達不能ですが人を動かすモデルです。

スイスは最初から永世中立国で、内乱の多いヨーロッパの避難地になっています。スイスは神聖ローマ帝国から独立したいという州が集まったわけですから言葉も人種も違います。それを維持するためのルールをいろいろときめますが、なかには文民がこころよいものばかりではありません。戦略物資を、両方の国ととりひきしたりします。（中立であるはずの）スウェーデンも鉄鋼をドイツに渡したりしています。一方では、フィンランドに友軍をだしたりしました。

マッカーサーは、日本を占領しているときに、日本は東洋のスイスになるべきである、といっておりまして、そういう意味では彼は一種の理想主義者だったのかもしれません。

戦争ベースと平和ベース、これらをうまく言葉にできればたいしたものです。たしかにこの二つは違うのですが、私もうまく言葉にできません。それに近かったのは震災の後の一、二週間の体験かもしれません。

いずれのベースでもいろいろとモデルがあるわけですが、以下にユートピア・モデル（復帰モデル）とパラダイス・モデル（革命モデル）の二つのモデルをご説明したいと思います。

5　ユートピア・モデル（変化がない）

一つはユートピア・モデルです。ユートピア・モデルとはどういうものかといいますと、これは過去への復帰モデルなのですが、ジャン・セルヴィエの『ユートピアの歴史』（*Histoire d'utopie*, 1966：邦訳、筑摩書房、一九七二）という本で書かれています。ユートピアはつねに過去をモデルにするものなのです。バビロニアとかエジプトなどの古代の大帝国の専制政治を、意識的でないにせよ再現しています。

私自身実際トマス・モアの『ユートピア』を読んだときに思いましたが、ここの一員として暮らすよりは、命の危険にさらされても森のなかで魚をとったり激流を下ったり、人間としてはこちらのほうがいいと思います。ピラミッドをつくって一生終わるなんて、これはどうかと疑問をもちました。

実際にいろんな国家がユートピア・モデルをだすときは国家の先行きが見えないときです。

戦前復帰モデル（日本）

戦前復帰モデルがありますが、戦前がよいかというと日本の戦前はそんなによい時代ではなかった、と私は思っています。

たとえば、夫婦でも並んで歩いたら警官から警告をうけました。必ず女性は男性のあとに、夫の後ろにつきしたがわなくてはならなかったのです。

それから、つらいことばかりではもたないのでありますから戦争中においてもいろいろと楽しいことはあります。

ですから、どこに光をあてるかですが、戦前は非常に理想化されて美しくなります。

大国復帰モデル

過去に大国であったときにもどりたいというモデルがあります。

たとえば、有名なのは第一次世界大戦後のギリシャの「メガラ・イジア」です。大構想です。つまりビザンチン帝国まで復帰したい。実際一九一九年から二二年に戦争が起こります「希土戦争」。ギリシャ国は国を挙げてトルコにせめこんで、首都アンカラの直前までせめてそこでケマル（ムスタファ・パシャ）に撃破されて逃走につぐ逃走をかさねてという話になります。

この怨恨が最近までかなりのこっていました。ところがどちらも両国が相次いで地震をこうむりまして、これを助けあうということでずいぶん接近はしたようです。ギリシャの地震のときトルコは援助隊を送っています。ここに忘却することの積極的意味が見出されるかもしれません。

それから、一八六四年プロシャ－デンマーク戦争の場合、デンマークは世界最大の国ではありませんが、大国のひとつであるとした幻想をもっていました。かつてそういう時代があったことは事実です。

ナチスの場合、千年王国復帰モデルになります。

実はユートピア・モデルでいう、ユートピアというのは永遠に変化しないことなんです。

6　パラダイス・モデル（矛盾がない）

パラダイス・モデルは、変化がないわけではありませんが矛盾がない。つまり革命モデルです。革命のあとではほしいだけとって働きたいだけ働ければいい、これはマルクスのモデルでもあります。でもそうなると公害で、地球はすごい状態になるでしょうけれど。

ユートピア・モデルとパラダイス・モデルは、両者混じり合って奇妙な幻想をつくります。両者はほとんど常に混交します。

震災の後のあの共同体感情は必ずしも生まれないのですが、私はあの共同体感情を権力で永続させてユートピアをつくろうとすると独裁体制になるということを考えました。革命は災害（戦争を含む）における共同体感覚を再現しそれを強制永続させるような試みであるということです。

以上のようなこうしたモデルが、青年期や中年期、老年期、どういうふうに働きかけ、あるいは子どもにおいて、どう語りかけられていたのか。戦前これにどういうふうに対していたのか。たとえば、満州事変という一九三一年をどうむかえたか、違いはあるかもしれません。

内戦トラウマは外戦トラウマより永続する

革命における命題として、内戦トラウマは外戦トラウマより永続するということを考えてみましょう。

私は敗戦後日本が内戦を経験しなかったのは非常に良かったと思います。内戦のトラウマは外戦のトラウマより永続します。

私は韓国人の友達のところで三年間下宿していて、内戦の話を少し聞くことができました。朝鮮の内戦だと、顔も似ていますし何もかも同じなわけです。これは、やられる前にやれ、たとえば過去に親友であったとしても今どう変わっているかわかりません。これは非常にこわいです。誰も信じられない状態になります。イラクでもそうでしょう。おそらくバルカン［一九九〇年代のユーゴスラビア内戦］でもそうです。かつての隣人が殺し合うわけですから、内戦トラウマというのは、後遺症が外戦トラウマよりもずいぶん続くと思います。

内戦トラウマは伝説化したりもします。維新戦争にももちろん後遺症がありました。会津には長州の人間はいまでも入れません。だまって入れば別にどうっていうことはないですけれど。私には長州の血が四分の一入っていますのでかなりまあ……。

私の友人でも会津人がいるのですが、結婚するときは長州人はやめてくれといわれたそうです。西南戦争は会津人をつかっていますね。抜刀隊はずいぶん薩摩人を切り殺しています。

鹿児島にいったら西郷隆盛とあの西南戦争は昨日のごとく語られます。これも単純ではありません。西郷軍に加わったのは士族のほうであって、そうでないものは村長をよんで兵隊を何人だせと、ええから出せといわれます。拒否して殺された村長はいまでも語りつがれています。西郷軍がまけたということで狂喜して踊っているところに、敗北してきた西郷軍がさしかかって、敗軍の兵に血祭りにあげられて殺された（村人の）六人の墓というのは今でも土地の人にきけば必ず教えてくれます。

さらにこうなってきますと、出雲地方の以外の方は笑われるだろうけどスサノヲノミコトが、国をアマテラスオオミカミの使者であるタケミカズチの神にゆずったこと［国譲りの話］を考えるといまでも泣けてくる、司馬遼太郎もそういう友人がいた、というのを書いている。実子をおいだされて天孫族を養子にむかえるわけですね。スサノヲの子孫であるという人は今のスサノヲ家をついだ子孫というのがいるわけですけれど、それをみとめないわけです。

革命不能状態

近代国家において、一八七〇年以後のフランス型の革命は非常に難しくなります。ナポレオン三世のパリ市街デザインによる、パリ・コミューンの挫折が一八七一年にあります。広場中心の放射型街路の集まりで、広場に追い込んで一網打尽にする。パリ、アメリカの多くの都市がそうです。筑波大学などもそういったつくりです。

ロシア革命が成功したのは外戦用軍隊による鎮圧の試みによって外国の干渉による戦争として成功しました。フランス革命もそうですね。軍による鎮圧が犠牲者を出すことへの反発面と軍の寝返りによる理由から成功する場合がありました。

ただ革命は、外国との関係（不平等条約（中国）、莫大な外債（ロシア）、行き詰った同盟関係など）を改善するうえで成功しますが、内政の改革は成功するとはかぎりません。

現在の革命不能と欲求不満の永続状態

さらに一九六〇年以降革命が不可能になりました。

日本の発明があります。これは「機動隊」です。機動隊というのは、後藤田正晴による発明です。とにかく自衛隊、軍隊を出したら死者がでます。機動隊は殺さずに鎮圧するという集団です。後藤田は一九六一年から発想し、一九七〇年以後世界に普及しています。どこの国のテレビをみましてもデモがあるところに機動隊が出動しています。

殺さずに鎮圧する古代ローマの武装集団がありましたが、殺すことは英雄を作ります。軍を動員すれば殺人をまぬかれません。たとえば戦前の日比谷騒動や米騒動などがそうです。

ですからどういうふうになるかといいますと、なれあい革命のようになります。なれあい革命といいますのは、ソ連崩壊前後のポーランドなどの旧衛星国、あるいはエストニアの「歌う革命」といったショウウインドウ革命で、ある意味儀式みたいなものです。

また、アフリカなどの餓死者が出るようなところなど、あまりに悲惨な状態では革命は起こりません。革命という名の権力闘争しかありえません。

文化大革命

文化大革命は奇妙な事件であります。

まず朝鮮戦争があって中国が出兵します。そしてソ連は武器を送りますが、その後の武器代金請求、これがソ連との決裂をまねき、中国は孤立して、ソ連は一切の技術を撤回してもってかえってしまいます。ソ連がいなくなって、これによって伝統的方法による鉄や食糧増産が行われますが、そううまくいくわけもなく願望思考がはいっていくようになります。そして、毛沢東の失政（大躍進の失敗）があります。餓死者数千万人といわれますが、この真相はわかりません。

さらに、中ソ戦争の脅威があります。それを背景にして劉少奇と毛沢東の権力闘争が行われます。

おそらく富の分配が公平にいったならば次は学歴社会の解消になった可能性があります。文化といいますと中国は個人の教養も含めますので、富の不平等解消の次は知的不平等の解消です。

北京大学における白紙答案提出者が英雄化されて教養大革命がはじまります。中国は国家的な試験を三度うけて、たしかどこかの大学にはいれるんですが、そのときにわざと白紙を出すという事件がありました。彼はどうなったかというと、どこかの農村にやられたままだと思います。リービ英雄の中国旅行記『我的中国』（岩波書店）によりますと、このとき高校教師が多く殺害されたそうです。これは受験戦争をあおったという理由によるものです。大学教授は、殺されずにどこかの農村にやられている。これは、高校が直接受験と関係しているからでしょう。それから大学間で戦争をしていまして、工学部がロケットをつくって打ち合った、大学間戦争があったというけれどもどうも信じられないですね。

現状を革命後であるとする革命封じ

それから現状を革命後であるとする革命封じがあります。アメリカはアメリカ革命（独立戦争）によって生まれたとし、アメリカでは誰もが大統領になれるなどの「アメリカン・ドリーム」をうたうことによって、革命を構造的に不可能にしています。少し米国型への変化はおこるかもしれません。私のところにこられたあるハーバード大の院生は「暴力」がアメリカを解くキーワードといっていました。しかし、暴力がキーワードになる戦国時代には国（物）とり願望が生じるのでしょうか。

参考までに一九九〇年代の日本福祉国家破綻（プラザ合意に続くマネー敗戦）による現世代の出世願望者減少（民間調査で八パーセント）が真実ならば、この状態は文化大革命にはるかにまさります。出世願望は江戸時代にすでに強烈でありました。もっとも、出世願望は社会体制の安定性への信頼があってのことです。2ちゃんねる（江戸時代の落首、川柳の後身）なども参考になるでしょう。

しかし、自己実現的予言を慎むこと。私としては俯瞰的な予言をしてその実現性を高めるようなことは慎しみたいと思います。

7　おわりに

戦争の起源

戦争の起源をさぐっているとわからなくなります。

ごく最近『戦争の起源』という本を読んだのですが、人間の戦争における戦略と戦術は旧石器時代の狩猟の複雑なパターンから派生してきたものと考えられるそうです。それは洞窟の壁画などからも想像できます。オオカミと人間が相互に利益を与え合う関係で、オオカミの文化をとりいれたのが戦争の起源であるという説があるそうです。それは、ほかの類人猿は、自分の家族を超えて同胞愛、友情はない。いくつかの役割を分担して獲物を追い込むテクニックはありません。それを取り入れたのはオオカミです。オオカミはほかとの共存、つまりイヌと人との共存生活です。だからネアンデールタール人はイヌを飼えなかったから滅んだという結論になるんですが、それはどうでしょう。

テンプル・グランディン［アメリカの動物学者。一九四七年―　自身が自閉症であった］という女性が、彼女自身の体験の上に生物学の教授になっています。はじめて動物感覚という動物の精神医学の本が書かれました。彼女によれば、言葉が生まれる前は、生物は苦痛しかなくて葛藤がなかった。しかし言語が生まれて苦痛の上に葛藤が加わったそうです。

実は一神教というのは神がひとつかどうかというより、原典が一字一句神聖であるという立場にたっているのが問題なのではないかと思われます。つまり言語に依存しすぎている。一神教の現実上の欠点は言語による聖典をもっぱら至上とすることではないでしょうか。言語では些少な差異が重大な差異になります。未信者、他信者よりも他派信者が憎悪の的となってきます。

人間は不安定な系なのか

いま世界の人口は六四億です。推計の根拠までは私は知りませんが、かつての進化のなかで人類にあたいする名前で存在した人類は一〇〇億であったそうです。としますと、そのうち六四億がいまも生きている人です。これが真実とするならば、現在の個体数の方が、これまで死滅したものより多いという状態だということになります。蛆でもわいてからまだそんなに時間がたっていないような存在です。急に人口がふえたということです。

人類の歴史というのは、非常に長いようでその程度です。キリストがうまれてから二〇世紀ですけれどもさかのぼっても縄文時代がせいぜいですね。人類はまだほとんど試練に耐えられていないということです。人類社会はそもそも安定点がみつからない系でしょうか？　安定点がみつかるかどうかが疑問です。安定したところに落ちつけるかは、これからの問題だと思います。もしかしたらそういう系だからこそ「進化」「進歩」が起こったのかもしれません。心理面でもそうです。

戦争の直前と直後には非常に落差があります。そしてその移行点は非常に不安定です。いわゆる9・11ですね。あのとき、「あれから二週間にいったことは忘れてほしい、つまり愛国的発言、愛国的うわごとをいってしまったから」とアメリカの実業家が日本の友人にいったそうです。しかし、そういうことがいえるアメリカはたいしたものだと思います。

最後に、私の構想というのはどういうことかといいますと、周辺に対する感じから聞いていくといいでしょう。あなたはどう感じましたか、と直接聞いてしまうのはあまりよくありません。

戦争の悲惨さばかりを強調するのはいくらでもできます。

人間の体験の全体精神を回復するには少なくとも幻覚でもえがこうとする。そうしたアプローチでは今までにあったものとかわらない。いろいろなアプローチがあると思いますが、たとえば戦記物です。そういう輪郭からでも研究できます。「平和物語」というと物語になりません。国によってずいぶん違いがあると思います。個人的には戦記物をよみあさる方ではないのでよくわかりませんが、アメリカの戦記物はヒーローを強調します。日本のものは連隊、軍艦などを擬人化しているんじゃないでしょうか。戦艦大和を物神化するなんて私にはちょっと信じられませんが。

戦争研究にはいろんな考え方、アプローチがあると思います。

ぜんぜんまとまらないお話しでしたが、そもそもまとまったらこの後がありません。

私の戦争体験

祖父と祖母のこと

父方の祖父の家系はたどると和歌山藩の侍だったようで熊野三山取立役というような徴税請負の役目をしていたようです。

祖父は次男だったか三男だったか、養子に出されるのを嫌って「初期の徴兵制では徴兵のがれを目的として養子に出すことがあった」陸軍に身を投じました。養子にいくのを嫌ったのは、はっきりとはいえませんが宣教師の影響があったように思います。父によると祖父はLittle drops of water, little grains of sand, make the mighty oceanといったような讃美歌も口にしていたようです。

長男には一家の財産を分散させないように財を与え、次男以下は財のかわりに教育を授ける方針だったようです。当時陸軍士官学校の予備教育をするところだった成城学校にたしか行ったのではないかと思います。祖父の卒業証書が出てきました。ちなみに海軍では海城学校というのが同様に予備教育機関としてありました。

祖父は、日露戦争に従軍していました。大隊長として二〇三高地の戦いにも出ています。軍人としてフランス語ができるし乗馬はうまい。駐在武官でしたから当時としては背も高くそれなりの美男子だったんでしょう。

一方祖母は、父親が長州藩の軍曹だった人で、連隊長の娘でした。祖母は私に西南戦争の話もしておりました。曾祖父は熊本城に籠城したこともあったそうで、熊本城で撮られた写真も我が家に残されていました。

祖母は隊付将校としてやってきた祖父にひとめぼれして、祖父の元以外には嫁がないと言い張ったそうですが、曾祖父も謡の師匠の声に惚れて通いつめての恋愛結婚だったそうですからこれに反対できなかったそうです。

出撃の前の晩の日に、隊長、士官クラスには御用商人、つまり戦争でお金もうけをしている連中が女性をあてがったりしたそうですが、祖父は頑として断ったそうです。周りは馬鹿にしましたが、祖母はものすごく感激していたそうです。

祖父は軍隊の中でリンチを絶対にさせませんでした。させなかったというのは、たださせないことはできるのですが、それだけではいけません。これは医者の世界もそうなのですが、看護婦さんのできることを全部できるような医者は、リードできる。軍隊で虐待するというのは、年ばかりとって階級のあがらない古参兵といわれる人が、虐待するわけです。そんな古参兵からみて祖父は射撃や乗馬など軍人のやれることはみんな見事にこなせる隊長でした。隊の写真でおぼえるそうですが、兵隊に会う前に写真で顔と名前をおぼえてしまう。隊長はそのひとのためにならリンチをみとめないというためには、兵隊のできることは全部できる必要があったのです。戦が上手というのは、できるだけ戦死者をださない。まあしようがないよなあという情況でしか戦死者をださないという意味の戦上手なんです。なにか、勇ましいことをいって兵隊をどんどん戦死させる人間は後ろから撃ち殺されます。

ある日祖父が頭部を二発銃弾で射抜かれました。ところが軍帽はちゃんと穴が開いているから射抜かれたのだけれども頭に傷がない。身の回りを世話する従兵が、おそらく弾があたってないうちにかつぎおろしたにちがいありません。つまりこの隊長は戦死させたら軍の内部にリンチなどがはいってくる、だから死なせたらだめだと思われたに違いありません。

私の父が応召の大尉だったときに、当時は「バタバタ」とよばれていたオートバイに乗って振り落とされ、お尻に大きな痣をつくったことがあったそうです。運転していた兵隊が落としたものだからその兵隊をなぐったと祖父にいったところ、祖父は「兵隊は殴るものではない」とひどく父を叱っていました。

制裁が禁じられていたものですから祖父の大隊に入りたいとみんな願ったそうです。また陸軍は部落差別をしないといっていました。それは祖父がさせないようにということだったと思います。ただ軍旗をもたせるかどうかで議論はあったそうです。ヒューマニズムという意味合いだけでなく結局制裁や差別を禁じないと陸軍が損をするだろうということも考えたようです。

祖父は朝鮮のために日本側についたら独立をまっとうできますよということで、朝鮮側に説得工作をしていたようです。ところが日本が祖父を裏切ったので上申書をかいたらしい。それで陸軍に辞表を出したそうです。過失はなかったから恩給は多少出ていたでしょうか。

百五人事件［寺内総督暗殺未遂事件。日本の支配に対して朝鮮の民族運動が起こることになる］というのがありましたが、たぶんそのときそれが無実であるということを知っていたから祖父は上申書をかいたのだと思います。大正の大審院が無罪を宣告している事件です。祖父も父もそうでしたが、批判的なものには大変批判的でした。

祖父と、映画で有名な川喜多長政のお父さんにあたる川喜多大治郎は、同期生だったと思います。彼のことについては、佐藤忠男の本にも書かれていますが、川喜多大治郎は日本の憲兵に、白昼北京で拉致されて最後は殺されています。中国に情報をもらしたからだという容疑ですが、アジアにかけた日本の軍人はみんな不幸になっているように思います。

祖父が、川喜多さんが射殺されたとき、北京と言わずに上海で、川喜多と言わず川辺とか別の名前で言いましたが日本を裏切ったということで殺されたんだと言っていました。祖父はそれについてどう思うかは言いませんでしたが、祖父のとってある新聞が二・二六事件や五・一五事件など暗殺関係のものがやたら多かったのにびっくりしました。

祖父はそのあと青島にいってしばらく暮らしています。朝鮮の人がたくさん亡命したのが青島です。ちょっとした財産を作って帰ってきましたが、朝鮮の人がたぶんやしなってくれたのではないかと思います。「中井大人の為に」という為書きが書かれた書や手紙がたくさん出てきました。書は家によくかけてありました。それ以外はあちらのものはほとんどもってかえってきていません。小さな水差しがひとつぐらいです。

祖父が長らく戻ってこなかったものですから、祖母のもとに大叔父がつかいにやってきて祖父と離婚するように言ったそうですが、祖母は頑として聞き入れませんでした。私の祖父は結局祖母のもとにかえってきていますが、それまでは祖父の実家の和歌山の別荘に父親と暮らしていたようです。四間ぐらいの家で祖父がおらず非常にさびしい思いをしたようです。ただ、中井別荘という絵葉書をわざわざつくっているのでそれなりの暮らしだったようです。

私が軍人になりたくないと思った理由のひとつに祖父に聞いた話があります。祖父のところによく軍人が訪問してきておりました。そして、祖父にむかって「いまの軍隊は、女性を殺して井戸にたたきこんできます。昔の皇軍とは大違いです」と話したということで、祖父は難しい顔をして困ったことだなあと言ったようなことを聞いています。またあるときは、たしか薄雲という駆逐艦の艦長さんだったと思いましたが「揚子江に死体が流れています」などと告白していったそうです。

いま思えば、祖父も一種の精神療法家みたいなものだったのでしょう。何か余所からつたえきいてわざわざ祖父に会いに来る人もいたのではないでしょうか。人間黙っているのは非常に辛いでしょうから。

昭和二〇（一九四五）年の敗戦の前年に祖母が死にましたが、祖父はたいへん悲しんで祖母の遺体を抱いて一晩すごすほどでした。

敗戦の年に祖父は父親宛ての遺言書を私に書き取らせると、食を断ってその数日後に亡くなりました。戦時中の栄養不良もあったと思いますが、敗戦の年には地域にすむ老人の多くが死んでいきました。

父と母のこと

父親は、軍隊のことを私にかなり話していました。父親は私になんでも話す人でした。阪急の社員だった父親は、祖父が宝塚近くに住んでいたからもありますが宝塚ホテルに赴任していました。私は、父親が予備役でしたからいつか戦争にいってしまうのではないかと不安でした。

父は、一回目は内地勤務で、森ノ宮の砲兵工場に行っています。兵隊にとられることをちょっとこわがっていました。軍需監督とかいって軍刀をつって工場にいっていましたが、父が飲み食いした宴会の写真も家にあって、あんなのでいいのかと子ども心に思っていました。最初は内地勤務でしたが、最後は南太平洋のブーゲンビル島までいっていました。私は、父親が戦争にいってしまいましたので、祖父母と母親との生活が続きました。

母は平安女学校を出た人で、聖書の絵のカードなどを私によくみせてくれました。母親はクリスチャンではありませんでしたが、よく聖書の話をきかせてくれたのでひょっとしたらクリスチャンになりたかったのかもしれません。

さて、父が、ブーゲンビルで、なにをやったかといいますと、一年志願兵で、陸軍主計大尉だったわけですが、遺骨宰領ということをしていました。姫路かどこかの部隊で、沖師団、沖というのはおそらく船舶兵だと思います。遺骨を集めるみたいですね。ですから一兵も殺していないと言っていました。

父はなぜか人好きのする人物で、大変おしゃれで衣装道楽でした。衣装は神戸のどこそこで仕立てたものでないとだめとか、襟は中国のものがいいなんてこともいってました。

大酒のみで歌も詠んでいました。友人の奥さんが、結婚式の司会か何かやってくれてたいへん感じのいいお父さんといっておられたそうです。

父は、柳原白蓮とか木下利玄の奥さんとも交流がありました。よく知りませんが、サロンに出入りしていたことが大正時代にあったようです。

柳原白蓮が敗戦直後に、父のためだけにではないでしょうけれど、次のような歌を送ってこられました。

やぶれたる　国はうるわし　ひともとの　野菊ぞあわれ　古城のほとり

これは「国破れて山河あり」をふまえての歌ですけれど、中々うまいものです。白蓮と文通していたみたいです。父は字が大変上手でした。ですからきれいな手紙をかくのですが、作品に創造性がなかったかもしれません。私も見たことはありませんが、白蓮の雑誌になにかひとつふたつ出ただけで評価されませんでした。

ただ、人に好感をあたえるところがあったんですね。貴族の家庭に出入りするのはひとつの能力だと思います。父は軍人である自分の父親に反抗的だったようで、大正文化人、フランス文学とかそちらの本を本棚にならべていたみたいです。

その父が、四三年に痩せて別人のようになって戦争からかえってきました。

ブーゲンビルで駆逐艦が入ってきてあれに乗れと隊長がいってくれて、それで奇跡的に助かったそうです。ひとりだけ戻ってきたというのは不思議で何か特殊な任務についていたのかもしれません。駆逐艦はラバウルに着いて父をおろして、その後の猛烈な爆撃のなかも生き残って、病院船でもどってきました。船はマニラから台北、そして別府湾につきました。マラリアにかかっていましたので、別府湾で鉄輪《かんなわ》温泉の病院に入院してそこから便りをくれました。看護婦さんからも好かれていたみたいで、退院するとき泣いて見送ってくれたりしたそうです。

ラバウルの爆撃がいかにすごかったかなども話してくれましたし、日本兵がアロハシャツのようなものをきて歩哨に立っているなど日本軍の軍規がゆるんでいたことやマニラにいた日本兵がいかに現地で馬鹿にされていたかも話してくれました。父は英語がわかりますからそれがわかったのでしょう。しかも父が言ったのは、つぎのような話でした。父が鞄を失くしたといったら、おれが買ってやると（日本人の）同僚の将校が親切で言ってくれたようです。ところが将校が中国人にねぎってそれを彼が断ったら軍刀の柄に手をかけて「ぶったぎる」とどなったそうです。結局中国人は安くしてくれたけれど、この鞄も結局父としては嬉しくない。軍刀は軍人の魂ですが、そんなたわいないことで軍刀を抜くようなもうそんな状況になっていると言いたかったみたいです。

戦後、英語が出来る市民兵将校はいませんでしたので、父は戦後のほうが忙しかったようです。つまり、戦争犯罪者としてつかまっている人と本国の連絡をしていました。たぶんそうした人たちの死にも立ち会っていたと思います。遺書を持ってかえってくる配達人のようなことをしていたのは間違いがありません。何往復していたかはしりませんし名前など詳細はいわないのですが、ただ遺書は読めといわれました。

名古屋港に復員してきたのは南のほうの兵隊だと思う、などと言っていたのは覚えています。

父親が死ぬときに、いいことをひとつしているねと言うとうなずいて死んでいきました。

大叔父と大叔母のこと

祖母の弟にあたるのですが大叔父は川崎造船所の潜水艦部長でした。

第一次世界大戦が終わったときドイツの潜水艦を日本が何隻か譲り受けたみたいで、そんなことでドイツにいったこともあったそうです。また、日本海海戦までのロシア海軍は、日本が潜水艦で攻撃してくるとおびえて海面を砲撃したとかいう話もあったそうですが、大叔父にいわせれば日本の潜水艦はぜんぜんダメだったそうです。太平洋戦争中には陸軍も潜水艦をつくっていたようですが、これは海軍が思い通りにならなかったからなんでしょう。

祖母にくっついて遊びに行くと、大人同士の話のあいだ子どもが退屈しないように私の前に本をどさっと積んでくれて、それを読んでいました。そんなこともあって、昭和一五（一九四〇）年でしたか、お年玉に「日本海軍帳」というのをいただいて日本の軍艦の名前を全部覚えました。大叔父の書斎にあったドイツやイギリスの船の本を眺めて、小学生にあがると『ジェーン海軍年鑑』なども読んでいました。ジェーンはジャーナリストで、日露戦争のときだれもロシア海軍のことや帝国日本海軍のことを知らなかったので調査しています。両海軍ともかなり打ち明けた話をジェーンにしていたみたいです。

もともと船が好きだったこともあり英語でも内容は想像がつきました。英語は母親からローマ字を教えてもらってローマ字読みしていました。小学生が読んでいる分には敵性語と咎められることもありませんでした。

祖父の蔵書で内容は日本海海戦の話でしたが、ロシアの軍艦の名前、「ドミトリードンスコイ」が「ごみ取り権助」、「クニャージ・スワロフ」が「国親父座ろう」とか書いてあったりしたのをよく覚えています。これはロシア語になれない日本人が戦艦の名前を憶えやすくするための工夫だったわけです。

そんなわけで八歳ぐらいにはプリンス・オブ・ウェールズであるとかヒューストンとかデ・ロイテルであるとか世界の主要な艦船の名前は全部知っていました。

戦争中の男の子はみんな将来軍人になりたいというもの、周りもそういわせたいものですが、この大叔父の影響もあって将来は「船の設計者になりたい」といっていました。普通軍艦の設計者だと思うでしょうから軍国少年でなかった私には都合がよかったわけです。私は軍艦好きのように言われていますが厳密にいうと軍艦が好きというより淡路島からみた海の美しさに魅せられたのが本当です。

戦後は父親ももどってきてから川崎造船に暫くつとめていました。戦後追放で上の人がいなくなったのでそんなこともあって父も拾ってもらったようです。英語ができたのもよかったようです。

大叔父がなにかと面倒をみてくれました。この夫妻には子どもがいなかったこともあって、私も本代をもらったり美味しい料理をたべさせてもらったりでずいぶんかわいがってもらいました。私が大学に入った時もお祝いをしてくれて、法学部で総代になったときなどは「あんた意外に長持ちするわね……」と言われました。十で神童、十五で才子、二十過ぎればただの人ということを踏まえて言われたのですが。

私のこと

私は昭和九（一九三四）年生まれですからもう中国との戦争ははじまっていました。終戦は国民学校六年生の年でした。私は旧制高校と新制高校のぎりぎりの世代で、私の少し上の世代は動員で工場などにもいっています。

国民学校のころは本を読んだりすること以外に地図や年表を書くことにも、趣味と言いますか熱中していました。世界地図と日本地図はほぼ頭にはいっていました。年表をかきながら、シベリア出兵、満洲事変、シナ事変、と五年ごとに日本は戦争をしている、これはたまらないと思っていました。

読書はいろいろしましたが、天文の本も好きでした。のちに京都大学にはいってから気づいたのですが、天文学者の山本一清先生の本を読んでいた人が実に多くいました。この先生は京都大学をやめて私設の天文台を作った人ですが、この人の書いた天文学の本を好んで読んでいました。

鶴見祐輔の書いたビスマルク伝や陸軍士官学校を出て作家になった山中峯太郎のノモンハンについて書かれた本なども家の本棚にみつけて読んだりしていました。

当時は「鬼畜米英」で、学校の先生がアメリカやイギリスを侮辱させました。校庭に敵兵にみたてた藁人形を据え、竹やりで突き刺させていましたが、人形にまきついていた敵国の国旗を生徒たちが引き裂こうとすると、一人の先生が「やめろ、馬鹿にするんじゃない、一国の尊敬を集めるものをそんなふうにしてはいけない」と叱責しやめさせました。さすがに当時そういったことを口にする先生はいませんでしたから、こうしたことがあったのは感動しました。いまでもその先生の名前は覚えています。いかついようなあごのはった男の先生でした。

また、女の先生でしたが、旦那さんが戦死されたと聞いたときは、「ああそうなんだ」と私は何かまぶしいものをみたような気がしました。気の毒だという感情に近いのですが、そんな高い目でみているわけではありませんから、ああ、あの先生そうなんだと思いました。記憶の中ではきれいな先生だったように思います。

先生方は、兵隊にひっぱられることを恐れていましたし、みんながみんな軍国主義的ではありませんでした。

新聞はよく読んでいました。祖父が自由に読ませてくれました。ですからある程度国際情勢のようなものも理解していました。スターリングラードの戦いのときぐらいから、学校の先生が

「お前講義しろ」ということで、私は必死になって、ヴォルガ川はこうながれて、ドイツ第六軍がこういうふうにきて、と講義して先生が横でそれを聞いていました。

西宮にぶんどったというソ連の戦車が展示されていたのを覚えています。阪急の今津線と神戸線の間の戦前はほとんど使い道のなかった場所に、アメリカの飛行機だの日本陸軍の発動機のついた飛行機をよく展示していました。

日本の敗色がだんだん濃くなっていって、昭和一九年の新聞に「我が国の戦艦」ということで写真が掲載されていましたが、望遠レンズでとったもののようでした。戦艦じゃなくて重巡洋艦の利根や筑摩じゃないの、なーんだって思いました。

空襲警報があったときには、先生方は学校で学童を死なすことは避けたいので早めに家に帰されました。川西航空機を爆撃するためだと思うのですが、標高三〇〇mちょっとの甲山の手前に見えるくらいにアメリカの飛行機が低空をとんできました。そのとき、父親は私が庭に掘った防空壕をあざわらって、「こりゃだめだ、そんなものよりそこらあたりの麦畑にもぐって運命をまて」と言いました。私は、アメリカの航空母艦はたぶん土佐沖にいると考えていたので、飛行機が来て帰る時間を計算して、時計はもっていなかったけれどあと少しと思って我慢したことを覚えています。

日本に空襲がくるようになってもこれからは本土決戦だというより、もう戦争は終わるなと思っていました。ただどういう形で終わるのだろうかはわかりませんでした。

そして戦争がどう終わるのかということに非常に関心をもつようになりました。当時としてはませた子どもだったかもしれません。

そういうことで、戦争の終わり方への関心から、当時二〇円ぐらいしたと思いますが、オランダと英国のあいだの戦争――これは貿易戦争でしたが――これがどう終わったかという本を買ってもらいました。英国のメアリーをオランダに嫁がせて解決をはかるという形で終わっています。

昭和二〇（一九四五）年五月にドイツが降伏しましたが、ドイツが降伏したらどうなるだろうかと思っていました。新聞はときどきドイツが負けていると書いていましたからあれは日本の敗戦を予告していた、あるいは心の準備をつけさせようとしていたのかもしれません。

ヒトラーが死んだときは、どう新聞が表現するのか興味をもっていましたが、「ヒトラー総統薨去」と書かれてありましたね。

昭和二〇年四月にアメリカのルーズベルトが死去しましたが、鈴木貫太郎はラジオを通じて弔意を示したそうです。ドイツからの弔電はこなかったそうです。

そのときの新聞に克明に出ていましたが、そのうち南米の諸国が日本に対して宣戦布告してきて、私は日本が世界を敵にまわしたのだなあと思いました。ムッソリーニがつるしあげられている写真も新聞には出ていました。

本土決戦が叫ばれたときには、武器を用意して国民戦闘隊に加われという通知が隣組から回ってきました。

八月一五日の玉音放送は聞いていません。家のラジオが故障してしまったからです。しかし、一五日の昼過ぎに家を出ると近所の様子から何かがあったことは分かりました。私は学校にいってみることにしました。誰もいない教室にはいると黒板の右端にいつもかかれていた「神州不滅」の文字が消されていました。日本は負けたなと思い、同時にこうしたことをする大人に対して嫌な思いがしました。

しかし、戦争に負けてこれで不合理なことがなくなるだろうと思いました。

神戸には戦災をこうむった住宅が多くありましたが、私の家は外れていたので大丈夫でした。敗戦後ジープを先頭にしてアメリカ占領軍が入ってきたことを覚えています。子どもたちがチョコレートをもらおうとアメリカ兵にむらがっていましたが、幼な心にみっともないと思いました。それから日本の飛行機が緑十字をつけて飛ぶようになっていました。輸送機だったと思います。戦後はインフレと食糧難で大変でした。私の父もどうしていいかわからなかったようです。戦後は貴族社会全体がだめになりますが、父親もどうにも騙されてしまって私が顧問弁護士をお願いして、たしか一三歳の年、一四万円の謝礼をはらったとおぼえていますが、土地はとりもどしました。父親ができすぎる息子をもつのも考え物だなんてへんなことをいっていましたね。多くの人の助けを得てなんとか切り抜けました。

このころアメリカやイギリスの中学生がラテン語をやるというので、負けるまいと思って、切手のコレクションを売ってラテン語の文法書を買いました。松沢病院の院長呉秀三の息子の呉茂一先生の書いたものでした。
それから私は紆余曲折を経て医学部を卒業することになります。

＊

前の戦争を忘れたころにつぎの戦争がおこります。日本は転向するとなったら雪崩を打つように速い。貧困や将来への不安から再びそうならないともかぎらない。

いまの天皇・皇后陛下は憲法を大切にされています。最近皇居のなかの通りを一般に開放したりしているのは、不都合なことは隠そうとする秘密保護法案などの動きなどと何か関連があるのかもしれません。

また天皇・皇后両陛下が、靖国神社に参拝されない方針でパラオをご訪問されたのはうまく考えられたと思います。

明治一四年につくられた憲法の案（五日市憲法）がいまの日本国憲法に非常に近いものだったようですが、平和な世の中であってほしいですね。戦争は人災の最たるものです。

【対談】

中井家に流れる遺伝子

×加藤陽子

中井少年は情報をどう得たか

加藤　中井先生のご著作をいつぐらいから読み始めたのか、もう記憶にないくらい古くから拝読させていただいております。

さて、わたしは、小学生だった先生が、当時の歪んだ情報統制や流言も多かったはずの戦時中にあって、なぜ、見通しのよい分析ができたのか、その理由がとても気になっておりました。むろん類い希な才能をお持ちだったとは予想がつくのですが、家庭環境といったものをうかがってみたかったのです。お書きになっていることから判断しますと、お父様が陸軍主計大尉でいらして、おじい様が陸士で二〇三高地で戦われて、大叔父さまが川崎造船の潜水艦部長でいらしたであるとか、ざっとまとめますと陸軍側の考え方と海軍側の考え方、双方の情報が中井家という場に、上手い具合に常時流れていたからだろうか、と推測しておりました。ご自身の興味からも、『ジェーン年鑑』なども持っておられた。どうしてそれほど的確なお考えにいたられたのでしょう？

中井 いや、あまり軍隊の影響はうけていません。川崎造船につとめていた大叔父なんていうのは、海軍としょっちゅう喧嘩していたらしいけど。大叔父の名前は『日本郵船株式会社百年史』にも出てくる。

加藤 海軍の情報がはいっていたかどうかというよりは、海軍の官僚主義などと戦っていた技術者魂といったものが身近にあったと。

中井 ええ。そして母親の弟は、陸軍の潜水艦にのっておりました。

加藤 その方がたしか、レイテかその近辺で亡くなられた方でしたか。

中井 レイテに出撃するはずでした。陸軍の航空母艦というものがあるんですが、上陸用ですね。それと陸軍の潜水艦が衝突しまして、それで生き残ったわけです。仁川を基地としてそのうちモーターボートで本土決戦のときは体当たりするはずでした。でも本土決戦が起こらなかったものですから。

レイテで亡くなったのは父の従弟で、ルソンで死んだと思われていましたが、これは大岡昇平さんの『レイテ戦記』にでてきてはじめて分かったことです。大岡さんには礼状を書きました。

加藤 そうですか。わたしとしては陸軍の筋、海軍の筋の双方があって、双方の不都合な真実が中井家という場では赤裸々に話されていた、といった勝手な妄想を抱いておりました。むろん陸軍の方が海軍に比べれば声も大きければ予算も大きい訳ですが、陸海軍双方共に別個の大国（陸はロシア、海は英米）を仮想敵国として持とうとした国は余りないでしょう。そうした、世界の情報なり地域の情報がバランス良く先生のもとに届くような環境があったのかと思っていました。

中井　いやあ情報はもぎとっていたんですよ。

加藤　雰囲気と言葉から？

中井　そういうとオーバーですが、だいたい新聞を読みだしたのがちょうど皇紀二六〇〇年のころですから。

加藤　一九四〇年、昭和一五年ですね。

中井　そうです。家に二・二六事件の新聞と五・一五事件の新聞をおいてありましてそれが最初に読んだ新聞ですね。

加藤　おじい様が一九三六年の二・二六事件の記事をとってあったのをちょっと長じられてからご覧になられた？

中井　そうですね。きりぬいてあったわけでなくてペラでおいてあったわけです。ときどきは話題にでていたと思いますね。

加藤　新聞もベタ記事に得がたい情報があったといいます。

中井　新聞を毎日読んでいたと思います。

加藤　昭和一五年といえば、近衛新体制やら、ドイツの電撃戦勝利やら、三国同盟締結やら、ヨーロッパと日本の動静が同期する時代でした。固有名詞や地名も一挙に増えたでしょう。

中井　世界地図を描くのが好きでしてね。祖父が日露戦争時に測量してつくった手書きの地図もありましたので、地図は描くものだと思っていました。また明治のころの世界地図ですけれど、ロシアがヒヴァとブハラ［現在のウズベキスタンの主都］という国を合併するところであるとかそういうことがのっている地図も家にありました。

加藤　新聞に出てきた地名など、地図に投影して理解したり、描いてみたり。

中井　世界地図がいくつもあったと思いますしわたしも描きました。自分の住んでいる、まあ阪急が開拓し

た町ですけど、それを測量して歩きました。

加藤　測量とはまたはハイレベルな。小学生のときですか？

中井　小学校の一、二年生くらいですかね。太平洋戦争が始まる前かな。

性差と格差

中井　親友がいましてね、女性なんですよ。肩くんで学校へいったりしたんですけど。彼女曰く「なぜいつも男が級長で女が副級長なのか」と。「それもそうだなあ」とわたしはいったそうです。

結局、一日交代で級長をやることにしたら大騒ぎになり、若い女の先生に宥められましたが六クラスありその学年の副級長は今も名前を思い出せるくらいですから、小学二年生の女の子たちもなるほどと思ったのでしょう。

加藤　一カ月交替ではなく一日交代というのが中井先生らしい過激さがあって、おかしいです。そのころはもう国民学校といっていましたか？　国民学校令が一九四一年、昭和一六年から施行だったかと。

中井　いや途中からです。

加藤　そうした「国民学校」という方向へ名前はかわっても、級長は男子、副級長は女性みたい

人文書院

刊行案内

2024,8

鴨川鼠（深川鼠）色

ザッハー＝マゾッホ集成全三巻

各巻¥11000

ザッハー＝マゾッホ 著
平野嘉彦／中澤英雄／西成彦 訳

Ⅰエロス

習俗を巧みに取り込んだストーリーテラーとしてのマゾッホの筆がさえる。本邦初訳の完全版「毛皮のヴィーナス」、「コロメアのドンジュアン」ほか全4作品を収録。

Ⅱフォークロア

ドイツ人、ポーランド人、ルーシ人、ユダヤ人が混在する土地。民族間の貧富の格差をめぐる対立。複数の言語、ガリツィアの雄大な自然描写、風土、民族、習俗、信仰を豊かに伝えるフォークロア的作品。「ハイダマク」ほか全4作品を収録。

Ⅲカルト

あるいは「草原のメシアニズム」、あるいは「農本共産主義」（ドゥルーズ）を具現する、ロシア正教の異端宗派、ユダヤ教の二つの宗派など、さまざまなカルトが蟠居する東欧のスラヴ世界。マゾッホの宗教観を如実に語る「漂泊者」ほか、5編の小説および2編の論考を収録。

◎内容見本進呈
お問い合わせフォームにて送り先をお知らせください。お一人様1部までお送りします。

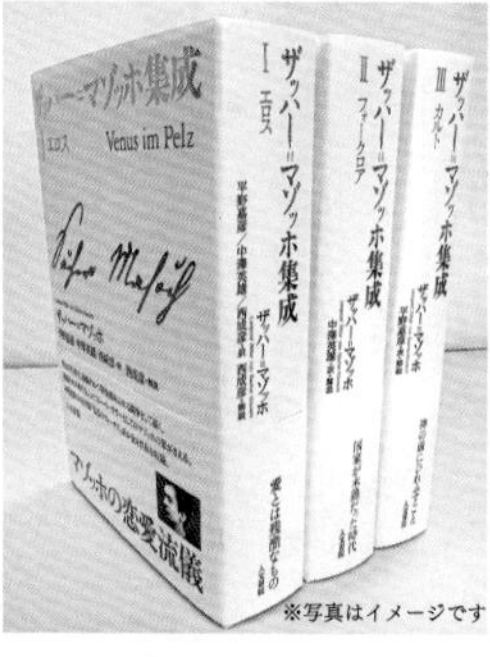

※写真はイメージです

詳しい内容や収録作品等の情報は以下のQRコードからどうぞ！

■小社に直接ご注文下さる場合は、小社ホームページのカート機能にて直接注文が可能です。カート機能を使用した注文の仕方は**右のQRコード**から。
■表示は税込み価格です。

人文書院
〒612-8447 京都市伏見区竹田西内畑町9
TEL075-603-1344/FAX075-603-1814
編集部 Twitter(X):@jimbunshoin
営業部 Twitter (X) :@jimbunshoin_s
mail:jmsb@jimbunshoin.co.jp

新刊一覧

セクシュアリティの性売買
キャスリン・バリー 著
井上太一 訳

搾取と暴力にまみれた性売買の実態を国際規模の調査で明らかにし、その背後にあるメカニズムを父権的権力の問題として理論的に抉り出した、ラディカル・フェミニズムの名著。

¥5500

人種の母胎
性と植民地問題からみるフランスにおけるナシオンの系譜
エルザ・ドルラン 著
ファヨル入江容子 訳

性的差異の概念化が、いかにして植民地における人種化の理論的な鋳型となり、支配を継続させる根本原理へと変貌をしたのか、その歴史を鋭く抉り出す。

¥5500

戦後期渡米芸能人のメディア史
ナンシー梅木とその時代
大場吾郎 著

日本とアメリカにおいて音楽、映画、舞台、テレビなど活躍し、日本人女優で初のアカデミー受賞者となったナンシー梅木の知られざる生涯を初めて丹念に描き出す労作。

¥5280

翻訳とパラテクスト
ユングマン、アイスネル、クンデラ
阿部賢一 著

文化資本が異なる言語間の翻訳をめぐる葛藤とは？　ボヘミアにおける文芸翻訳の様相を翻訳研究の観点から明らかにする。

¥4950

マリア＝テレジア 上・下
「国母」の素顔
B・シュトルベルク＝リリンガー著 山下泰生／伊藤惟／根本峻瑠訳

「ハプスブルクの女帝」として、フェミニズム研究の範疇からも除外されていたマリア＝テレジア、その知られざる実像を解き明かす、第一人者による圧巻の評伝。

各¥8250

戦後期渡米芸能人のメディア史
ナンシー梅木とその時代
大場吾郎 著

日本とアメリカにおいて音楽、映画、舞台、テレビなど活躍し、日本人女優で初のアカデミー受賞者となったナンシー梅木の知られざる生涯を初めて丹念に描き出す労作。

¥5280

読書装置と知のメディア史
近代の書物をめぐる実践
新藤雄介 著

書物をめぐる様々な行為と、これまで周縁化されてきた読書装置との関係を分析し、書物と人々の歴史に新たな視座を与える力作。

¥4950

ゾンビの美学
植民地主義・ジェンダー・ポストヒューマン
福田安佐子 著

ゾンビの歴史を通覧し、おもに植民地主義、ジェンダー、ポストヒューマニズムの視点から重要作に映るものを仔細に分析する力作。

¥4950

新刊一覧

イスラーム・デジタル人文学

須永恵美子 編著
熊倉和歌子 編著

デジタル化により、新たな局面を迎えるイスラーム社会。イスラーム研究をデジタル人文学で捉え直す、気鋭研究者らによる最新の成果。

¥3520

ディスレクシア

マーガレット・J・スノウリング 著
関あゆみ 監訳
屋代通子 訳

ディスレクシア（発達性読み書き障害）に関わる生物学的、認知的、環境的要因とは何か？ ディスレクシアを正しく理解し、改善するための効果的な支援への出発点を示す。

¥2860

シェリング以後の自然哲学

イアン・ハミルトン・グラント 著
浅沼光樹 訳

シェリングを現代哲学の最前線に呼び込み、時に大胆に時に繊細に対決させ、革新的な読解へと導く。カント主義批判により思弁的実在論の始原ともなった重要作。

¥6600

一つの惑星、多数の世界
ドイツ観念論についての試論

ディペシュ・チャクラバルティ 著
篠原雅武 訳

人文科学研究の立場から人新世の議論を牽引する著者が、ラトゥール、ハラウェイ、デ・カストロなどとの対話的関係のなかで示す、新たな思想の結晶。

¥2970

近代日本の身体統制
宝塚歌劇・東宝レヴュー・ヌード

垣沼絢子 著

戦前から戦後にかけて西洋近代社会、民主主義国家の象徴とみなされた宝塚・東宝レヴューを概観し、西洋近代化する日本社会の身体感覚の変貌に迫る。

¥4950

福澤諭吉
幻の国・日本の創生

池田浩士 著

福澤諭吉の思想と実践――それは、社会と人間をどこへ導いたか？ 福澤諭吉のじかの言葉に向き合うことで、その思想と実践をあらたに問い直し、功罪を問う。

¥5060

反ユダヤ主義と「過去の克服」
戦後ドイツ国民はユダヤ人とどう向き合ったのか

高橋秀寿 著

反ユダヤ主義とホロコーストの歴史的変遷を辿りながら、戦後、ドイツ人が「ユダヤ人」の存在を通してどのように「国民」を形成したのかを叙述する画期作。

¥4950

宇宙の途上で出会う
量子物理学からみる物質と意味のもつれ

カレン・バラッド 著
水田博子／南菜緒子／南晃 訳

哲学、科学論にとどまらず社会理論にも重要な示唆をもたらす21世紀の思想にその名を刻むニュー・マテリアリズムの金字塔的大著。

¥9900

今回のイチオシ本

思想としてのミュージアム

増補新装版

博物館や美術館は、社会に対してメッセージを発信し、同時に社会から読み解かれる、動的なメディアである。日本における新しいミュゼオロジーの展開を告げた画期作。旧版から十年、植民地主義の批判にさらされる現代のミュージアムについて、論じる新章を追加。

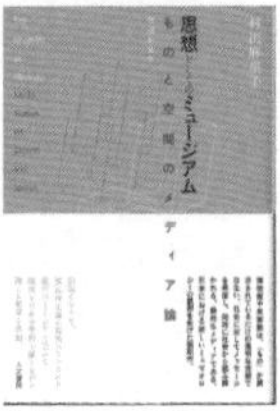

村田麻里子著
¥4180

復刊 呪われたナターシャ

現代ロシアにおける呪術の民族誌

三代にわたる「呪い」に苦しむナターシャというひとりの女性の語りを出発点とし、呪術など信じていなかった人びと―研究者をふくむ―が呪術を信じるようになるプロセス、およびそれに関わる社会的背景を描いた話題作、待望の復刊！

藤原潤子 著
¥3300

超越論的存在論

ドイツ観念論についての試論

存在者へとアクセスする存在論的条件の探究。「世界は存在しない」「複数の意味の場」など、その後に展開されるテーマをはらみ、ハイデガーの仔細な読解も目を引く、哲学者マルクス・ガブリエルの本格的出発点。

マルクス・ガブリエル著
中島新／中村徳仁訳
¥4950

はじまりのテレビ

戦後マスメディアの創造と知

1950〜60年代、放送草創期のテレビは無限の可能性に満ちた映像表現の実験場だった。番組、産業、制度、放送学などあらゆる側面から、初期テレビが生んだ創造と知を、膨大な資料をもとに検証する。気鋭のメディア研究者が挑んだ意欲的大作。

松山秀明 著
¥5500

な構造は変わらずそのままでしたか。

中井　ちょっとわかりませんが、三年生のときに女子学級、男子学級とにわかれたと思います。二年生まではたしかに男女同一クラスです。国民学校というのはナチスの言葉です。フォルクス・シューレ Volksschule。韓国などはたしか最近までのこっておりましたね。国民学校といっていたと思います。

最初尋常科高等科といっていたのが国民学校になって、高等科の人はそんなに多くなかったですね。

加藤　高等科に行く人もそうは多くない。しかも先生は、小学校を終えた後、七年制の中等学校であった甲南学園へ進学される。中等学校への進学者は一〇人に一人くらいの時代でしょうか。先生のご本の中のエピソードですが、小学校卒業時、「これからは階級が違ってしまうのだから、一生の思い出に今殴らせろ」と、小学校高等科で修了される方が、中学進学組に対して言ったという。

中井　それは、中学校に行かない人は全部二年の高等科に行くけれどほとんどなかった［高等科へ行ってしまうと、陸海軍学校にも行けなかったし中学校（公立私立両方有り）に入り直すということもできなかった。高等科へ行くというのはたぶん家の経済事情（貧困）と勉強に無理解の親の子たちが行くような背景があった］。

それでも何人かはいましたね。ひとりI君っていうこれも級長だったけど高等科へ行った。

加藤　その方は、自殺をされたのでしたね。
中井　そうです。社会に格差がある痛みを感じました。
加藤　級長さんが上級学校にいけないという、こういう話は、戦争中実際多かったのでしょうか。先生が描かれる回想で驚かされるのは、思いもかけないような理由で人が死ぬ。小作人のせがれということで上級学校へいけないからと言って、その葛藤から死を選ぶ。一二、三歳の子がそのような理由で死ぬ。
中井　わたしはほかに知らないけれど、そのころの級長は何をしていたか、どんな人の子だったかいえるわけです。M君というのはこれは大地主の息子でした。たまたま甲南をうけてこの人はおちたんですけど、しかし伊丹中学にはいって東大の工学部を出て、そしてわたしがまだ医学部の助手かぺーぺだったんですが京大の教授として赴任してきました。一回くらいしか再会していなかったけど。M君のところは市長をやったりしている。
加藤　成績優秀かつ家庭も裕福という人がいる反面、成績が極めて優秀でも家庭が貧しいために進学を断念せざるをえないとの構図はいくらでもあった。戦前期の不平等さについて、先生はわかりやすく、ジニ係数を用いて貧富の差を数値で表しておいでです。教育格差、貧富の差、それと戦争への支持・不支持の問題というのは、なかなか一筋縄ではいかない。陸軍などが小作人の不満を上手く表面だけすくい上げて既成政党批判を行い、戦争に持っていったという説明だけでは一面的ですね。学問のある人が戦争に批判的であったというのも一面的ですね。

中井　どっちも本当だと思います。

一番下のクラスっていうのは、あるときから朝鮮の人がどっとふえて、これは労働者階級だったんじゃないかと思う。

加藤　クラスはやっぱり成績順なんですか？

中井　成績はむしろ途中からいわなくなった。級長もできる子とかじゃなくて先生のご指名で級長になった。

加藤　トンネルとか、飛行場の造成などの労働者の子どもということでしょうか。

中井　その子たちの親が何をしていたかわたしはあまり知らない。彼らは被差別部落の周りにすんでいましたね。でも子どもたちは気にしていませんでした。そのときは日本全体が高揚しているようにみえました。

加藤　戦争の高揚感でしょうか。戦争遂行のための挙国的な動員が必要とされて、一時的に不平等が見えにくくなるといったような。

中井　そうですね。地理的にも部落の周辺にいるんです。ただいつもけんかしているとかそういうことではなかった。

先生が「李も林も天皇陛下の赤子である」というようなことを、クラスメートみんなの名前をいった最後のところでいってしまって、しまったっていうような顔をしていたことがある。

加藤　そのように担任の先生が言った瞬間、先生の顔の方に眼を転じて見ている中井少年が、これまたすごいわけですが。しまったというようなことを言った時に、すっと視線を寄せてくるような勘の鋭い生徒はおりますね。いま大学生に教えている身の自分としては、このあたりの呼吸がよくわかります。一方、敵国であっても、その国旗について敬意を払わなければならないといった先生もおいでだったとか。

中井　ええ、その先生は、英国や米国の旗をけがしたらいけないと、一国の尊敬を集めているからとおっしゃいました。このとき、わたしは身体がハッとして心が動きましたね。

加藤　それは戦争最後の年？

中井　四四年か四五年ですね。そして生徒を虐待する先生は背が低くて徴兵にいかなくてすむということがみえていた人です。どこかに書いたことがありますけれど、いじめる先生に竹の根っこをみがいて進呈する奴もいて。

加藤　竹の根っこをなぜ？

中井　それを使って殴るんです。

加藤　子どもは大人の縮図。

中井　そうですね。

大陸に渡った祖父中井裕計とアジアにかけた人びと

加藤 おじい様はたしか川喜多大治郎と同級生にあたっておいでです。ということは陸士の七期。日清戦後に陸士を卒業される。

中井 ええおそらく。ただ祖父に関しては、わたしの父親のいとこに中井一夫という人がいまして、マーシャル海戦で空母エンタープライズに体当たりした飛行機乗りですが、この人を慕って養子になっている人がいるんです。中井晶夫という上智大学の国際学部〔現在上智大学名誉教授〕かなにかで先生をしていた人ですが、この方が偕行社までいってわたしの祖父も調べてくれたけど、軍籍紛失であるということらしいです。

加藤 軍籍紛失という言葉自体、初めてうかがいました。いろいろなことをなさった方のようですね。

中井 石光真清的な人ですよね。彼はたしかブラゴヴェシチェンスクにいたね。

加藤 石光が参謀本部からロシアへ私費留学した場所がブラゴヴェシチェンスクで、中国から見れば、アムール川（黒竜江）のむこう側。おじい様は、朝鮮の元山から、山東半島の青島へと拠点を移される。一九〇四年から〇五年の日露戦争の前の時点のお話ということになりますか。

中井 青島でなにをしていたかわからないけども……。朝鮮の方との交流はわからないんですけど、写真がたくさんあります。ロシアの毛皮の帽子をかぶっていたりして。朝鮮の国がなくなったら朝鮮の人は青島にまず逃れたわけ。そこで暮らしていた。

加藤　では、日本が朝鮮を併合した一九一〇年以降は、何を。

中井　それは、祖父は何もいわなかった。朝鮮で、朝鮮語で朝鮮の人に話しかけたんでしょうが、もっともね、孫からすると、祖父の朝鮮語がわかってもそんなへんなじいさんに突然話しかけられても返事するわけないじゃないって思っていました（笑い）。祖父の方は朝鮮の人が日本の側についたほうがいいんだという説得をやったんだろうと思われるけど。だからその説得したことに悩んでいたんじゃないかな。それで韓国を併合したらすぐやめてしまった。

加藤　福沢諭吉の脱亜論は、福沢が援助してきた独立開化派を朝鮮政府が処刑したことに対する憤懣から描かれた側面が強いと、現在では見られていますが、日本の援助で朝鮮を清国の影響下から独立させるという命題の、一つのヴァリエーションとして、日韓合邦論というものがありました。論者としては、樽井藤吉などでしょうか。日露戦争終了あたりまでは日本陸軍に対する山縣有朋などの元勲ら政治家の統制が効いていたこともあり、朝鮮独立運動への陸軍の干与、謀略といったことについては、あまり解明されていませんね。その後は二重外交という形で、軍は政治工作を行います。対中国、対南方への謀略工作などかそれです。その場合、主観的には、反英、反帝国主義に立った、現地政権への深い思い入れが伴います。日本が手助けして、清国や英国からの支配から解放するといった、アジア主義の色彩をまとっています。

中井　たとえば太平洋戦争中ですがビルマとかの側に立つ人とかもいますよね。

加藤　ビルマの場合は鈴木敬司の南機関。

谷垣禎一氏の祖父は、国民政府のナンバー2である汪兆銘脱出に干与した影佐禎昭でしたね。

中井　これはわたしの感じだけれど、アジアにかけた人はあとがよろしくない。

加藤　それは、どのような含意で？

中井　それは法則みたいなものかもしれません。石光真清とか。祖父もそうです。たぶん、イギリスの植民地を調べても植民地に深入りした人っていうのはそうですね。アーネスト・サトウなどの場合はどうなんでしょう？

加藤　アーネスト・サトウの場合、中国語も学んでおりまして、日本、中国双方を視野に入れていた。駐日特命全権公使のあと、駐清公使もやっておりますね。また、彼は幕末から明治の変革期の日本を見ていますから、一身にして二生を体験したとも言える。

それから福田康夫元首相のお父さんの福田赳夫は、汪兆銘政権に派遣された大蔵省からのアドバイザーです。福田は、汪兆銘の片腕として財政金融を管掌していた周仏海の日記などからうかがえるところでは、きちんと財政のアドバイスに徹していたようです。テクノクラートとしての知見に徹して、南京や上海の悪性インフレを押さえ込もうとしていた。情念をもってアジアに深入りした人の最期が悪いというのは、至言です。

中井　まだいると思います。ベトナムにかけた人もいる。

加藤　いましたね、森達也さんがなにか本をかいていました『クオンデ――ベトナムからきたもうひとりのエンペラー』角川書店」。国民党の犬養毅などは、志士たちをずいぶん援助していたと思います。反フランス、反中国というベトナムの地政学的位置も重視されたはずです。

中井　ベトナムに関しては留学させましたよね。

加藤　随分させていて、大隈重信なども援助していたはずです。ビルマに対しても、アウンサンスーチーの父であるアウンサン将軍、かれは日本との距離をうまくとった方ですね。一九四三年、重光葵が計画した大東亜会議の中でもうまく距離をとっていました。

中井家に流れる遺伝子というものを考えたとき、アジアからSOSを出されたらつい手を出してしまう遺伝子、忸怩たるものを抱えながら助けてしまう遺伝子といったものがあるように感じます。

中井　なにかわたしの家を壊した時にたくさんの書がでてきたんだそうですよ。妹が言っていました。中井大人っていう表装したのがたくさんある。

加藤　おじい様にあてた？

中井　そうです。もう残していないようですが。

加藤　中国の留学生が、中井先生の書かれた詩の漢語訳をみて感心された話をご本に書かれておられたり、中国からの留学生の話がよく出てきますが、先生自身は中国に長くおいでになったわけではないんですか？

中井　いや中国には一度も入ったことない。

加藤　なのになぜこの発言ができる、と思わせる記述がいたるところにありました。先生の父君もフランス語を話されますよね。

中井　一族の中ではわたしが一番語学ができないと思いますけど。

加藤　今のご発言は、語学コンプレックスのある人には、ひどく衝撃的だと思いますよ。中井先生は、かつて岩波書店の『図書』の連載で、現地で一から学んだ語学を使って、その土地の会議で報告してしまったという話など書いていませんでしたっけ［『私の日本語雑記』］。

わたくしが驚きましたのは、おじい様の、いまから死にますからといって、絶食して五日後に亡くなった話です。これまた……。

中井　父親は病院で衰弱してわりとはやくなくなりましたけど、祖父は日本が爆撃をうけだしたときに食を断って死をえらびました。

BC級戦犯の遺書をはこんだ父

中井　父親はブーゲンビルから帰還しますが、遺骨宰領をやっていました。たぶん主計の仕事として遺骨宰領の仕事があったのだと思います。

加藤　戦死者のお骨を遺族のもとに届ける仕事ですね。

中井　動きだした駆逐艦にこれに乗れといわれて、ネットをよじのぼって、陸軍さんがんばれと船の上からひやかされて中にのりこみました。

加藤　お父上は短歌を詠むような方で、宝塚ホテルにも勤められておいでで……大正期の文化を身に着けておいでだったそうですね。人間力で生き延びられた方なのですか。

中井　いやたぶん、遺書をあずかってきたからでしょう。

加藤　内地へ戻るチャンスが与えられたということ自体、選ばれたという感じがするのですが。

中井　うーん、まあそれはそうかもしれません。父はラバウルにいってそこで荷物を全部やかれて吉野丸という船にのって、これは第一次大戦のときドイツからぶんどった船、クライスト号だけど、マニラによって台湾キールン（基隆）から戻ってきた。

加藤　一九四五年？　四四年ぐらいですか？

中井　四三年かな。

加藤　ブーゲンビル島の戦いで、アメリカ軍が上陸してくるのが四三年一一月ですので、良い時期に戻られたのですね。ただ、台湾からフィリピンの間のバシー海峡では日本の船は随分沈められましたから。とにかくよく戻られた。

中井　クライスト号は白塗りの撃沈されない様な病院船だったと思う。でも帰りに撃沈されています。父の戦後は戦争犯罪人のケアをしていました。名古屋港の一室にすんでいて、そして本人はいわなかったけれどたぶんマニラあたりにいったんだと思いますね。御膳はＢＣ級戦犯の人からゆずられた御膳を使っていました。

加藤　それだけ、感謝されることをなすっていたのですね。

中井　遺書の配達をしていましたから。わたしにも遺書をよませてくれた。名古屋港にいる父親をたずねていったことがあります。

加藤　それはいつ頃ですか？　遺書の配達といっても今回の場合は、敗戦を現地で迎えて、戦犯として裁判を待つ身の方からの遺書受領ということになりましょうか。

中井　終戦直後ですかね。

加藤　そういえば、ちょうど今朝のＮＨＫニュースでやっていましたが、シベリア抑留者の家族に宛てて、まったくの個人の方ですが、モスクワからの放送を書き留めて家族に送るということをしていた。坂井仁一郎さんという方です。昭和二三年六月頃からモスクワ放送が、帰国者の名前と居住地を毎晩読み上げ始めたのですが、外務省などは、ソ連の宣伝かもしれないと警戒して、家族には特段の連絡をしなかったんですね。でも坂井さんは、せっかくソ連側が読み上げているのだから本当かもしれないと思って、片仮名で書き取った名前と地名を便りに、全国のご家族に葉書を出して、あなたのご家族は近く帰還できますよ、と留守家族に伝えていたそうです。

お父上の場合は、マニラから遺書を持ってきて配達しておられた。戦争の後始末について考える時、個人の果たした役割は大きいですね。坂井さん、そして中井先生のお父上のような方がいた。

学園紛争のころ

加藤　常々思っていたわけですが、中井先生の観察眼の鋭さというのは医者、科学者ということからくる部分が大きいのでしょうか。

中井　医者になろうなんて若いころ思ってなかったよ。

加藤　そこなんですが、先生は最初、京都大学法学部に入られますね。昭和二七年でしたか。これはどういったことから？

中井　いや、親戚が阪大の医学部部長だったかをやっていたけど、来いといわれて、阪大の医学部をうけないかといわれたんだけど親戚のいるところをうけるのもいやだしね。それから我が家の経済事情からサラリーマンにならなきゃと思っていた。でもぐっとおくれてインターンにはいるときはそのコネをつかったよ。

法学部にはいったころはそこまで考えていなかったけれども、ちょっと労働組合長になったことがありますので、そのときは弁護士より労働法になじみがあったかしら。病院は給料が安いから組合ができる素地があったともいえる。議論をしていたときにふすまの向こうに宮本書記長がきていたらしいけど、中井はトロツキストではないからいいといったそうで。

加藤　なんと、医学部を避けるための法学部ですか。そして、昭和三〇年、京大医学部へと転部なさった、と。時間は少し飛びまして、先生は昭和四三年、一九六八年の東大紛争の時、文京区小石川にあった東大医学部附属病院分院精神科にいて、共産党の宮本顕治委員長がそこに来ていたという理解でよろしいでしょうか。紛争の時は東大分院にいらした？

中井　宮本顕治が来ていたのはあとから周りが教えてくれたのだけれど、それは東大の時ではなくて研修医時代のN病院でのことだったと思う。紛争のころは東大の分院の再建をやりました。

とにかく紛争で精神科のある教授は槍玉にあがっちゃったから。そしてどの程度かしらないけど、脳の一部分をとって実験につかったということが槍玉にあがっていた。そういうことはわりと医学部では普通だったらしくて京大の医学部でも氷いれたペール（缶）をもって歩いている同級生がいて、お前さんなんなんだ、なにしているんだってきいたらいまからちょっと手術中の肝臓もらいにいくんだと。ぼくも手術受けたら肝臓とられるのかってきいたら、あたりまえだろっていわれた。

ただね、その内科一講座の反乱っていうのがあってウイルス研究所も反乱おこして……その友達は医学部を去って同志社の先生になってもう亡くなっているけれど、そういう問題はあるんだよ。ロボトミーやっているときはどうせ脳の一部いただくんだからということはあったかもしれないな。

わたしは、結局紛争のときは、土居健郎先生それから林宗義っていう台湾の先生と解決にあたった。林宗義先生は台湾出身者です。台湾は七年制高校が続いていたんですよ。そこを出た人です。それから蔣介石の下の人が台湾の人たちに虐殺をやっていますね。

加藤　林先生のご経歴に、昭和二二年の二・二八事件がからんでいたとは。台湾の行政長官だった陳儀が蔣介石に援軍を要請したことで大規模な弾圧が始まります。日本の統治時代に高等教育を受けていたエリート層への弾圧がすさまじかった。特に、医師や教師などが。林先生は、うまく逃げてこられたわけですね。

中井　そう。彼をみんなで逃がしたんだって。でも彼の父親で、有名な林茂生［一八八七—一九四三。台湾大学哲学教授］はこの時虐殺されている。林宗義さんは、戦後台湾大学医学部を築かれます。忘れましたが誰かが林宗義さんのことを本に書いています。戦争中に東大の精神科にのこったのは、この林宗義さんと、神谷美恵子さんと内村祐之《ゆうし》［一八九七—一九八〇。精神科医。内村鑑三を父にもつ。大川周明の精神鑑定も行った。野球界にも大きな影響を与える］さんだった。東京大空襲のときは精神科に避難民が逃げてきたんだって。それをこの三人で手当てしたとか。

加藤　避難民が逃げてきた、それを精神科で手当てしたと。

　敗戦前後の東大病院ということでいえば、広島で原爆にあって亡くなった、女優の仲みどりさんの治療記録が東大医学部の教授の遺された史料から出てきたとの報道がございましたね。被爆治療のカルテが出てきたと。すみません、話がそれました。林先生でした。

中井　林宗義さんは、ＷＦＭＨ（世界精神保健連盟）という、ようするに精神科の世界組織をつくったひとりなんだね。それでカナダでブリティッシュ・コロンビア大の教授をやって、彼がＷＦ

ＭＨの会長をやった時、林宗義のためならみんなでバンクーバーへいかなきゃっていきましたね。それで学園紛争のとくに精神科が混乱した時、林宗義さんが日本政府の招待教授で赴任しました。そして土居さんがやれやれという感じでしたね。

加藤　そうでしたか。戦時中、あるいは敗戦前後、中国大陸や台湾から東大に留学した人たちのその後、については、中国外務省や台湾の国史館に史料もあり、インタビューも含めてずいぶん研究の蓄積がなされていますね。

中井　そうですか。史料をみせてもらってもこちらで生かせないけども、ただ、紛争の時林宗義さんの下で走り回ったのがわたしです。

加藤　和解というと言葉は軽いですが、対立があったとき理解をしてあわせて働く場を設定するというのは、震災のときの先生のお働きもそうですし、すごいことだと思います。

中井　『日本の医者』って本がありますでしょ。二冊本でだして、それはね三一書房っていう左翼系の出版社だったけど、いま日本評論社から出ています。楡林達夫ってペンネームで出しているる。これね、東京の電話帳にも当時はひとつもなかった。「楡の木」って喫茶店の名前なの。『楡家の人びと』って小説のまねっていわれるけどわたしのほうが先です。

加藤　達夫はどこから？

中井　それはね実験室で実験している人に名前どうしようっていうと達夫がいいって（笑い）。東大の紛争を鎮める話ってあんまり人にしていない。

加藤　先生は京都大学ウイルス研の助手をなさり、その後、東大紛争の前年に東大分院にふらりと移ってこられる。そして紛争時と紛争後には精神科をまとめるお役目を果たされた。このような話はあまり人に知られていないのではないでしょうか。東大紛争、あるいは東大闘争については、東大医学部の身内の話、あるいは法学部なり文学部なり学内の対応といった話になってしまって。そもそも紛争の発端が医学部の精神科から始まっているのに、そのど真ん中が実のところあやふやなままにされてきたのかもしれない。ありがたいお話を聞いてしまった。

中井　わたしの『日本の医者』って使われているんだよ。東大の講師になってくれっていわれたけどならなかったんだよ。安永さんっていう方が科長になって、わたしを安永さんが指名した。わたしが東京を去るのは、東大の中では、わたしは助手で病棟医長をやっているってことは非常に不自然なことでね。東大の人を差し置いてやっているわけだから平和になったらさっとかえらなきゃ。それで名古屋市立大学にいっちゃうわけ。

加藤　先生、阪神・淡路大震災の時もそうでしたが、たいへんなときにお呼びがかかる？

中井　それは遺伝じゃないの？

加藤　遺伝で逃げちゃだめですよ（笑い）。

天皇は神であるか？

中井　そもそも最初に関心は天文学の本がありまして……山本一清の『天体と宇宙』という。これをわたしが伊丹の本屋でみつけましてね。

加藤　書誌情報としては、昭和一六年に偕成社から出ている本ですね。手にされたのは、先生が小学校一、二年ぐらいの時ですか？

中井　小学校三、四年だと思うね。それで宇宙的な規模からものをながめるというところがありまして、たとえば天皇を神だというときアンドロメダ星雲を支配しているわけはなかろうと考えていました。

加藤　こういうところが、先生の、他の追随をゆるさない部分ですね。つくづく。ふつう、天皇陛下もお手洗いにいくだろう、といったところから、天孫降臨、現人神はおかしい、という疑念からはじまるわけで。星雲ですか！

天壌無窮といったり神州不滅といったりしても、まさかアンドロメダまでは、とくるのですね。時に、この山本先生というのは京都大学理学部の教授でしたが、明治二二年、一八八九年、明治憲法の誕生と同じ年のお生まれです。世界を股にかけて観測された天文学者でしたが、学内のいざこざに巻き込まれて京大を早めに退官され、それ以降、子ども向けの素晴らしい天文の本など書かれています。

中井　自分の家の四辻からながめた景色は、これも天皇はしらないだろう。だから天皇は神ではないだろうという結論でした。

加藤　おそれいりました。天皇は神ではないという証明を、こういう方向からなさった方に初めて会いました。

裕仁親王の欧州訪問

中井　昭和天皇っていうのは、皇太子時代に二隻の戦艦で英国までいきますね。あの体験はその後の昭和天皇にいきているんですか。だれがああいうことをデザインしたのですか?

加藤　御召艦香取と供奉艦鹿島で、イギリス、フランス、ベルギー、オランダなど歴訪しました。この九月一七日に、昭和天皇実録が公開されますので、このあたりの事情も、今後より明らかになるでしょう。今のところは、大正天皇の病気、思想状況の悪化(宮内省からの視点ですが)、大戦後の不景気といった前提があり、このままでは亡国、国が亡びかねないとの支配層の危機感があったと思います。また、皇太子に対する教育が余りにも内向きだとの批判が、元老の山縣有朋や西園寺公望あたりを中心になされていました。宮中某重大事件(皇太子妃の色盲問題)で劣勢に立った山縣など、右翼に脅されながら、よく皇太子を外に出したと思います。

ただ、最後まで反対していたのは貞明皇后でありまして、夫である大正天皇が病態にあるのに加えて、皇太子までもが日本を離れ、危険な目にあったら困るというわけです。ただ、ここで皇太子に世界をみせないと、まさに三代目でつぶれてしまうとの危機感は、元老や内閣に強いですね。

中井　ほほう、なるほどね。

加藤　右翼の人たちは、山縣元老や原首相を強く批判していました。彼らは、皇太子妃に選ばれた良子さんがたとえ色盲の遺伝子を持っていたとしても、そのまま婚約を継続するのが人倫の道だ、と主張しますね。元老たちは、婚約辞退を勧めるのですが。ええと良子さんは何家でしたか……。

中井　久邇宮だね。

加藤　そう、久邇宮家の良子女王でした。山縣は意外にも、この時、右翼や国家主義者からたたかれました。長州の山縣は、久邇宮家が薩摩系だからお気に召さない、よって外遊をさせるのだなどといった批判が、当時にあって、最も宮中ネタを熱心に載せていた『讀賣新聞』に載ります。そういうことを知りますと、まあ元老も偉かったとは思います。

中井　あれは岩倉具視が世界をまわってきたようなのと似たようなこと、同じような意味があるかもしれないね。

加藤　まさにそうですね。聞くと見るとは大違いですし、摂政となり、天皇となってゆく人間にとっては、御召艦・供奉艦で半年間密接に過ごした仲間ができたのも大きかったのでしょう。昭和天皇は、陸軍軍人よりは海軍軍人の方にシンパシーを示すことが多いのですが、このような背景もあったのでは。また天皇は、訪欧の時が自分の人生の花であったと、太平洋戦争中には侍従相手に、「自分の花は欧州訪問の時だったと思う。〔中略〕自由でもあり、花であった」といっておりますし、戦後の昭和四五年、一九七〇年には、「カゴの鳥だった私にとって、あの旅行ははじめての自由な生活ということを体験したものだったから、あの旅行の体験は、その後の私に非常に役立っていると思う」とも語っていました。

中井　八代六郎っていうのは?

加藤　日露戦争の時の浅間艦長で、第二次大隈内閣の海相の八代六郎ですね。シーメンス事件後の海軍の立て直しをやった人で、第一次世界大戦開戦時の大臣でもありますが。

中井　八代六郎は「わが英国海軍は」っていったという。第一次世界大戦のときシンガポールのオフィサーズクラブに日本の海軍がはいれなかったとかみたいで。「わが英国海軍は」ってせっかくおもっていたのが入れてもらえなかったらしい。

加藤　日本が英仏露側に立ってドイツに参戦する際、イギリスなどは、日本の参戦を必ずしも望まない、などといった冷淡な対応を当初は示しましたね。日本が極東のドイツ根拠地をたたき、南洋諸島を占領することに、オーストラリアなど、非常に恐れておりましたし、中国における混乱を避けたい気持ちがあったのでしょう。ただ、イギリスの内閣にあって、海相のチャーチルだけは、日本海軍の参戦がイギリスにとって重要だとの立場でしたが。この、開戦までのイギリスとの交渉などを考えると、八代など複雑な思いがあったはずです。

話を大正期の皇太子としての訪欧にもどしますと、御召艦香取、あそこでは艦内新聞が発行されていて、それらも残っている。『皇太子殿下御外遊記』という、大阪毎日新聞社・東京日日新聞社刊の豪華本には、香取や鹿島の全乗員の名前が載っています。香取の場合、士官が六〇名ほど、その下に一六もの分隊が乗船しているので、九〇〇人弱の人が乗り組んでいる訳ですね。これに鹿島の乗員も加わり、宮内省・外務省関係者も加えると、渡欧の人員というのは二千人近いわけですか。

中井 それくらいになるでしょうね。

加藤 皇太子時代の昭和天皇は、精神的には父とも慕った英国王ジョージ五世に大戦の激戦地を見よといわれて、まずはイギリス軍とともに対独激戦を戦ったベルギー、そのイープルの激戦地を見に行きます。すると今度はフランスが、ヴェルダンとソンムの激戦地を若き皇太子に見せています。この、英仏側が若き皇太子におこなった「教育」は、大きかったのではないでしょうか。

中井 大きかったと思います。ただ第一次世界大戦の欧州の廃虚をみた衝撃は天皇が戦争をやっている過程には働かなかったけれど、戦争が終わったときに働いたんじゃない？ 関東大震災を思いだしたともいうけれど……。ジョージ五世との出会いは、立憲君主としての昭和天皇という道を終始選ばせることにもなったようです。

昭和天皇はパリの地下鉄に切符を自分でいれてね、その切符をずっと大事にしていたらしいけど。誰か一人だけにほっておけないでしょう。誰かついていっているはずだ。それが八代かどうかはわからないけれど。

加藤　それこそ供奉日誌かなにかがありますから今度公表されたら逐一わかると思いますね。フランスでかわいいおぼっちゃまだと、ご婦人たちから言われたなどというエピソードが、沢田節蔵の回想に出てきます。たしかに、めがねを変えて仕立てのいい、こう、りゅうとした背広服を着た写真などを見ますと、英仏で撮られた写真は、全然違う顔で撮れていると感じます。帰国すると、また陰鬱なやや猫背の人となってしまわれた気がします。

中井　ひげはずっと最初からたてていたんですか。

加藤　皇太子の肖像などを思い出しますに、ひげは蓄えられていなかったような。

中井　いや、ひげを蓄えだすのはアルコール中毒の人が自立思想、アルコールをやめるときなんかひげをたくわえるんですね。

加藤　ええと、皇太子時代の天皇とアルコール問題については、ちょっと。

中井　いやそうでなくて一人前になったというときにひげをたてる。わたしはよくアルコール患者の人の奥さんや家族に、ひげをはやしだしたらしめたもんであるからといっております。それは誰も論文に書いてませんが（笑い）。わたしは剃毛圧力は禁じているんです。

加藤　それはまた実に深い。女性の患者さんの場合はどうなるのでしょうねえ。

存続する天皇家

加藤　わたしが先生のご著書『「昭和」を送る』（みすず書房、二〇一三年）を読んで面白いと感じたのは、天皇あるいは天皇制に対する、先生の見方でした。天皇制をなくせば、人民の意志を反映させやすくなると考えるのは間違いだとまずは書かれつつ、そのうえで、天皇家は生存を発展より上位におく価値観をもっているのではないかと、『「昭和」を送る』の一一七ページのあたりで述べられております。このイメージは、『樹をみつめて』の三ページあたりの記述をわたしに想起させます。「その場に縛りつけられている植物の生の英知というべきものに教えられるところがあると私は思う」と。発展ではなく生存を上位におく価値観をもつ天皇家と、植物の英知。何かつながっているようにわたしには思えました。お書きになられた時期も異なる二冊の本で、天皇なり天皇制の存在をみるスタンスが一貫していると思いました。

中井　そうかもしれません。

わたしが昭和天皇をみたのが、御堂筋という道が阪急の梅田駅からはじまるんですけど、そこに昭和天皇がオープンカーにのってやってきました。記憶の中では車はちょっとあかっぽい色をしていました。

加藤　あずき色のメルセデスなりにのっていたことが敗戦前の史料にはでてきたかと思います。

オープンカーでしたか。

中井 オープンカーだったと思います。

加藤 いつごろのおなりだったのでしょうか。敗戦の年だったでしょうか。

中井 あのころはもう高等学校に上がったので、阪急には出たり入ったりしていました。阪急の洋書部にYさんっていう東大の仏文をでていたひとがいて、お金があるときでいいよって言ってもらって付けで本を買っていました。最初に見たのはカフカの本で、フランス語訳ですね。

加藤 先生が高校生ということは、戦後巡幸の一環として京都・大阪に来た一九四六年六月の時点のものではないですね。フランス語版が入っていた？　フランス領インドシナ［今のベトナム・ラオス・カンボジアに相当する領域］あたりから戦前期に入った本が出てきたといった事情でしたでしょうか？

中井 いや、そうではなくて、なぜフランス語っていうのはそこまではわからないけれど、あのころ洋書は丸善で入っていましたね。ただ、洋書を買うときは連合国が要するにアメリカの司令部が検閲してみたいですね。船便できますからかなり待って……。

加藤 自由に本を買えるようになったのは何よりの楽しみでしたでしょう。そこで、天皇の一行を、たまたまご覧になったんですね。

中井 たまたまです。

加藤 そのときの感じはいかがでしたか？

中井　小さい指先みたいな存在でした。だけど案外自信があると。あとから思ったのかもしれませんが。天皇は自分の力がわかってきたんですね。みんな歓迎したでしょ。

加藤　爆心地の広島でも歓迎されています。一九四七年一二月七日、原爆ドーム（産業奨励館）前の特設広場で人々の歓迎にこたえる巡幸写真があります。小さい指先みたいな存在というのは、遠くからご覧になって小さい、という意味ですか？　それとも存在感という点で小さい、矮小に近い意味の小さいという意味でしょうか？

中井　矮という文字はあてはまらないかもしれない。みなさん歓呼していたからね。帽子をふっていたかはわかりませんが、ただ警官などが並んでというようなことではなかったと思います。

加藤　一九四六年二月から始められた戦後巡幸といいますのは、政治的人間としての天皇の、敗戦責任、国民への謝罪のかわりであったとの見方もありますが、それに関してはＧＨＱと宮内官僚の思惑が一致したのでしょうが、それ以上に天皇としても国民の中に入ってゆくことに自信なりおありだったのでしょうね。

中井　そうですね。警官の警備はなかったと思います。

加藤　侍従の日記なりの評価ですと、巡幸の成果に安堵しているさまが出てきますね。警官がいないというのは意外でした。

中井　わからないけどもただオープンカーで軽装備できておられたから。

加藤　先生は、戦前期にたとえば陸軍大演習の際などの天皇をご覧になったことはありますか？

中井　天皇そのものはみていない。ただわたしの祖父は、たしか大正の初期に大正天皇のでている陸軍大演習を一度やっています。そのときの絵葉書とか地図とかいうものが家にありましたから。それには祖父はまだ参加していたのかもしれないですね。

加藤　大正天皇というのは、治世の半分くらいの時間、身体が不自由になられていましたので、その大演習といえば稀少ですね。兵庫県での大演習の時だということになりましょうか。

中井　そうですね。しかし祖父は朝鮮からいつ帰ってきたかわからない。

加藤　昭和天皇が摂政となって翌年の一九二二年以降は、摂政によっての代行がなされます。

中井　大正天皇が学習院で一緒になった桜井という人がいますが、いま神戸女学院のあるところは岡田山といいますがそこをもっていて、皇太子時代の大正天皇は、岡田山に居た桜井忠胤の邸宅を訪問しているよ。

加藤　それは、一九一一年一一月の、第四師団・第十六師団対抗演習見学を目的とする、京都、大阪、兵庫への巡啓時のことですね。一一月二〇日に武庫川で演習を見ていたのが、休戦になると、次の演習地の西宮に向かう途中、岡田山の友人宅に行ってしまわれた一件ですね。大正天皇の皇太子時代の全国巡啓については、地図付で詳しい説明がある、原武史さんの『大正天皇』（朝日選書、二〇〇〇年）がとても参考になりますし、面白い。東宮輔導役の有栖川宮威仁親王が皇太子を自由にふるまわせている様子もわかります。さきほどここへ来る前に有栖川宮熾仁親王の終焉の地にたったホテル（シーサイドホテル舞子ビラ神戸）と、孫文の移情閣にいってきました。話を戻しますと、戦後の梅田で昭和天皇を見て、案外自信があるように見えた、というところまでうかがいました。

中井　まあ、そうですね。

御堂筋をもうすこし南あたりにいくと街角に「大日本は神国なり、大日本は神国なり」ってずーっと唱えている老人がいてね。地下鉄の本町駅あたり。いつぐらいからか知らないけど。

加藤　祝人さんでなく普通の方?

中井　あの頃みなさん服装もそこそこもちよったようなものでしたしね。闇市より南だったと思います。闇市も結構広かったので。西側ですね。天皇が通る時にそんなことを思ったりして……。天皇が通る時、ああ、あのおじさんどうしているのかな、って思っていた。

加藤　唱えていたのは、空襲か何かで気がふれてしまってのふるまいか、あるいは戦中から戦後までずっと確信的に続けていたと?

中井　いやそれはわからないですね。たぶん敗戦からはじめたんだよ。敗戦前だったら警察かなにかがきて、そういうことやめとけって言ったと思うから。本町と御堂筋のあいだですね。

加藤　それを高校生の中井先生がみていて、でも頭では天皇とその人を重ねて考えていたわけですね。

われわれの戦争責任

加藤　昭和天皇の問題では先生は、「「昭和」を送る」という文章を崩御の年の一九八九年に書かれながら、長らく世に出していませんでしたね。

中井　あれは田中美知太郎のやっていた雑誌（日本文化会議）に土居さんの依頼で書いたものです。間にサンケイの記者が入った経緯があり、それでです。

加藤　ふつう昭和天皇に関しましては、われわれ歴史家もそうですし国民もそうですが、政治的な責任があったか道義的な責任があったか、明治憲法にかかれた条章に従ったかどうか、という点ではかることが多いわけです。ところが先生がこのご論考の中で、「われわれはアジアに対して「昭和天皇」である」「問題はつねにわれわれにかえる」という言葉でかかれていたのに対して、わたしは非常に深い感銘を受けました。昭和天皇を裁くのではなく、擁護するのもなく、仏印に餓死者を出しながら、そこから輸入された外米を食べて生き残ったわれわれ日本人は、昭和天皇と同じなのだ、というあのスタンスには、意表をつかれたわけです。

中井　あれは直接たべましたから、感じましたね。

加藤　そのコメは外米だと一目でわかるような代物でしたか？　わたくし、常識がなくて恥ずかしいのですが、このあたりの摂津は外米を食べなくとも豊かだったのでは？

中井　いえ、供出しましたから。軍がコメを貯蔵していたんです。
加藤　ああ、供出でもっていかれて。敗戦時に、軍人たちはそれを持ち出しましたね。
中井　わたしがいま覚えているのはもうコメが配給になりますからということで、ずっとコメを売ってくれていた出入りの方が、最後の一俵をおたくのところにとっていたと、いうことです。
加藤　そのような出入り商人のいった言葉を憶えている。配給米の味などいかがでしたか？
中井　いや必ずしも外米じゃないですよ。それにコメじゃなくて玉ねぎでも米換算でだされたことがあります。淡路島で玉ねぎがとれますから。
加藤　魚はどうでしょう。発動機の燃料がないので、海は目の前でも漁獲量が下がるというのは、千葉県の県史を編纂した時に知ったことですが。
中井　大阪湾でイワシがとれますけど漁師の方が売りに来たのが最後です。あとは肥料につかう、あれは北海道ですかね。ニシンかイワシかなにか小さいのがありました。それから大豆も配給がありました。満洲でとれたものだと思います。
加藤　外米という観点から、仏印、天皇、アジアという連鎖が想起されていた、と。
ところで憲法思想を専門とする長尾龍一先生という方がおいでですが、ご存知でしょうか。東大の教養学部で長く法学史や憲法思想を講じていた方です。一九三八年生まれですから、先生より四つお若い。旧満洲の斉斉哈爾でうまれて引揚を経験されている。その方があるエッセイで書かれていたことです。一九四五年一〇月の映画『そよ風』の挿入歌である『リンゴの唄』に、「リンゴはなんにも云わないけれど　リンゴの気持ちはよくわかる」というフレーズがありますね。よくよく考えると、サトウ・ハチローによるこの歌詞は、とらえどころのない意味不明な歌詞といえます。で、長尾先生いわく、あの歌の、あのリンゴは昭和天皇の隠喩なのだ、というような噂が、当時の世の中にあったというのですね。天皇は退位するとも謝罪もしないけれども、つまり何もいわないけれども、天皇の気持ちは国民、われわれにはよくわかる、というような意味でしょうか。リンゴは昭和天皇といった見立てなど、聞かれたことなどございますか。

中井　初耳です。聞くとそのようにも思えますが……。

加藤　長尾先生が、昭和天皇の崩御の年に書かれたエッセイに書かれていました。長尾家は斉斉哈爾からの引揚者でありました。これはやはり東京あたりの、一部の都市伝説のようなものだったのでしょうかね。

中井　引揚げてきている人のほうがお互いに情報交換しながらかえってきているんですよ。だからぼくみたいな土人（笑い）、土地の人間の方が情報はゆたかではない。

加藤　なるほど、あるネットワークでのある種でのうわさということ。長尾龍一先生のお父上は、満洲国文教部の教学官でした。

中井　藤原正彦さんという数学者がいますね。

加藤　はい。新田次郎、『流れる星は生きている』の藤原てい氏のご子息。

中井　あのかたなんてずいぶん情報をもってきていたように思います。私の周りにいた朝鮮からの引揚者の方なんかもよくご存じで情報をもっておられます。

加藤　たしかに、引揚者といいましても、満洲や朝鮮の都市部なのか、ソ連との国境が近い場所の開拓村かで、全然状況が違っていたと思います。情報のギャップなど当然あったでしょうね。

中井　秦皇島港《シンコウトウ》がありましたね。あのへんあたりで船をまっているあいだ、日本がいまどうなっているかということが一番わからなかった。

加藤　先生がおっしゃるように、敗戦時の前線や植民地や占領地では、どちらが勝ったか負けたかが判然としないものがあったと思います。だから、天皇の言葉による停戦命令が必要となる。同じ国民同士での、情報が限られたなかでの対立が怖い。

中井　わたしの祖父も日露戦争が終わった時にどっちが勝ったのか、わからなかったそうです。

加藤　なるほど。

中井　そういえば、敵同士であってもアルコールをもちよって、深夜になったら仲良くする。美味しいものとかもちよって夜になると交歓しあう。第一次世界大戦のフランスやドイツでもありました。記録には残しませんが日露戦争でもすでにあったように祖父がいっておりました。

加藤　中井先生は、お祖父様からのお話を随分聞き取っておいでなのですね。是非どこかでおまとめください。

戦争の終わり方

加藤　本書に収録されている「戦争と平和　ある観察」は五〇ページにもなる面白いものですが、その中で「戦後の改革は、千三百年以前の変化に似ている。それは白村江の敗戦後の変化である」と書かれている（本書六一ページ）。これは慧眼です。どうしてそのように思うかといえば、敗戦一年後の八月一四日に昭和天皇が同じことを言っている。『昭和天皇実録』には、侍従次長の記録を用いて書かれていると思いますが、ポツダム宣言受諾の一年後に、鈴木貫太郎ご苦労だったね、吉田茂首相はいま大変だね、というので天皇主催の茶話会が開かれる。その茶話会において、天皇はこう言う。今回の戦争では負けてもうしわけない。けれども、日本が負けるのは今回がはじめてではない、白村江の戦いがあった七世紀にも負けている。それを考えれば、日本が今後進む道は明らかだ。白村江で負けて以降、日本は国風文化といわれる文化の花を咲かせた。今後の日本は平和国家、文化国家の道を歩めばよいと、昭和天皇は述べていますね。

中井　ほう、なるほど。このへんが天皇の本音じゃないのかな。

加藤　先生が、白村江の戦い以降の流れと、戦後改革を同じ位相のもとに考えられたのは、古代史なりをきちんと読まれておいでだったからですか。第二次世界大戦、太平洋戦争における日本の敗北を、白村江以来、ととらえる感覚は、たしか、山本有三にもありました。山本の『竹』という著作の中に「戦争放棄と日本」(『朝日新聞』一九四六年一一月)という掌篇です。山本は日本国憲法の口語化にも尽力しますし、戦後の天皇制国家を軟着陸させた人だとわたしは思います。

中井 わたしがここにもってきた本『古今世界大海戦史』(春藤與一郎、昭和二年)のなかにも何かかいてあったと思う。わたしの祖母、これは一九四四年、終戦のひとつまえの年になくなった。日本は白村江の戦いでやぶれたという話をしたら、祖母は日本は負けたことがない、そんなことありえないといっていたけれど、祖父は、いや日本は負けたことがあるよっていっていました。

この本は、小学校のときに祖母にねだってかってもらった。祖母はあなたが大学にいく費用からさっぴくとかいってよろこんで買ってくれたけど。

加藤 中学生以上が読む本ですか? 大人の読む本ですか?

中井 大人ですね。

戦争の終わり方に関心を持ったのはそのころからかな。デ・ロイテルとかデ・ウイットとかそういうオランダの提督なんかが出てきますし。それでイギリス—オランダ間の戦いの終わり方にも興味をもちました。それでね、なにかクイン・メリーがイギリスの王様になったりして……。それは日本では不可能かなと思ったけど、マッカーサーが君主になったりして……。

加藤 面白いなあ……。ただ、戦争の終わり方、終わらせ方は難しいですね。始まり方もなし崩しですし。

中井 終わり方を考えずに戦争をはじめるなんてばかみたいと思うけど。前の戦争を知っているとブレーキをかけることもできるんだろうけど。鈴木貫太郎は日清、日露戦争を知っているでしょ。

加藤　今の言葉では安全保障感、昔の言葉でいえば安全感ですが、何だか、内向きに喚起される強烈な危機意識に日本は弱いように思います。どのようなことかといいますと、先の大戦の際、海軍側は一九四一年四月段階などに武力行使の限度を決意しますが、その条件というのが、受け身形で書かれている。日中戦争の解決がつかずとも、とにかく武力行使を行うのはいかなる場合かといえば、アメリカと他の第三国が、日本に対して全面禁輸を発動したら、日本は無条件に討って出るという連関です。全面禁輸をされたら、武力行使する、ということ。受け身でありながら、強硬である、という。自らが南部仏印進駐をするから、英米が全面禁輸を行うという、初発の段階での、自らの攻撃性が、忘れられてしまっているわけですね。相手が全面禁輸を断行したから、武力行使した、とこうなる。

中井　間違うと世界を敵に回しかねないですね。わたしはまず日本はドイツより先に降伏することはなかろうと思った。だからドイツが降伏かなにかするまで日本はがんばらないとしようがない。それがひとつね。それからだんだんポツダム宣言がなにかの意味を持っていると感じました。ちょうどあのころアルゼンチンとか南米の諸国が対日参戦を次々としてくる。そしてそれを『朝日新聞』がのせるわけだから、なにか示唆しているのだろうと、まずそう思ったわけです。

加藤　ドイツより先に降伏することはないというのは、アメリカがまず対独戦争に勝利を決めてから、日本に向かってくるはずだから、という意味でしょうか？　それとも大和魂から、決して無条件降伏しまいというような意味ですか？

中井　そうじゃなくて、むしろプライドですね。実際、先に降参してすまなかったなあってイタリア人に言われたらしいよ。

加藤　うーむ。イタリアという国はなんとも。あとから参戦して、最初に戦争を止めるという。降服できる国は幸せな国に見えます。

中井　それに近い感じだよ。

加藤　国民感情的にも、三国のうちでは最後まで戦うという気持ちはありましたでしょうか？

中井　いやそれは当時話し合いなんてしないし、友達に話すこともしちゃいけない。まあ小学生にはわからないし、日本は降参しないだろうと思っていた。

加藤　さきほど終わり方を考えずに戦争をはじめるなんてとおっしゃっていましたけど、日本は終わり方を考えて戦争をはじめていませんでしたね。

中井　そうですね、ただ日露戦争はちょっと違うんじゃないかな。

加藤　たしかに、英米など満洲地域の門戸開放を願う、資本主義強国がする対ロシア戦の代理戦争の面がありますね。

中井　鉄道とたばこと塩を抵当においたということ、とくに鉄道を抵当においたことは日本国民はしらないですね。

加藤　たしかに、高橋是清やシフなどの資金繰りという話はされますが。その点はおっしゃるとおりです。

中井　ポーツマス講和の斡旋の見返りを日本はあまりアメリカにはらっていなかったんじゃないかな。ホワイトフリート［Great White Fleet］がきますでしょ。

加藤　日露戦後の日米関係はやや緊張しますね。

中井　あっというまに戦艦をつくっちゃうんですね。

加藤　たしかにセオドア・ルーズベルトが期待していたような振る舞いを、日露戦後の日本は行わなかったともいえる。アメリカのなかの戦争熱は一九〇六年ぐらいからわっと出てきますね。サンフランシスコを地震が襲う前後など、対日感情は悪いと思います。日露戦争の外債の利子などは、明らかに、日本側が戦闘で有利になってくると、利子が下がりますので、兵士の命と資本というのはシビアな関係だと思ったことがあります。担保が鉄道というのも考えようによっては深刻なことですね。

中井　どうなんでしょう、信用されているともいえる。

加藤　五％、六％と外債の利率が変化しますね。勝ってくるとなにかお金を貸す率がさがってくる。もちろん最後の日本海海戦の頃などはよいのですが、最初の遼陽の戦いまでは、しぶかったはずです。シフなどユダヤ系の資本家が窮地を救うわけでした。

中井　ロシアがユダヤ人虐殺をやっています。それでユダヤ人のシフがお金をかしてくれる。

加藤　信用されているともいえるのは、むしろ担保でかなり巨額なお金でしたから。八億円っていう額ですか。

中井　一説によれば太平洋戦争の終わりのときもまだ支払いがのこっていたとか……。

加藤　わたしもそれは疑問に思っていまして、経済史の専門家に聞いたことがあります。一九二〇年、第一次世界大戦の景気で日本は債権国に転じた、ここですべて返済し終えたはずだ、とは教えて貰ったことがあります。私の記憶違いかも知れません。

いずれにせよ、日露戦争時における英国の援助は、日英同盟という額面よりは、裏面であったようですね。英国側が解読したロシア側の通信を日本側に供与したり、軍艦をロシアが購入できないようにしたり。日英同盟というのはよくできていて、日本とロシア以外の国々に、二国間以外に対立が波及しないように設計されていました。

中井　（ポーツマスのとき）英国皇室が樺太はゆずるという話をおしえてくれるんだそうですよね。

加藤　セオドア・ルーズベルトは、ロシア側からの妥協の線を小村寿太郎外相にはだまっていますね。英国側が教えたということは私も聞いたことがあります。

中井　たまたまギリシャの歴史の本をよんでいたら、エチオピアがイタリアと戦争するでしょ。あのときエチオピア側に英国の皇室がなにかおしえるんだよね。

加藤　イタリア・エチオピア戦争、一九三六年の時の話です。皇室外交もなかなかのものです。日本の戦前期の皇室外交、現在の皇室外交など、実態を知りたいものです。

中井　天皇家はサインおくるだけだと思うけど。なかなか皇室はうごかない。

加藤　そうですね、今上天皇でいえば、質問によって、国民の象徴として意思の在処を示す、という形になるわけですね

中井　何か群馬県で憲法の……。

加藤　田中正造については、栃木県側と群馬県側の資料館や記念館の史料を両陛下がご覧になりましたね。五日市憲法については、美智子皇后が七九歳の誕生日に際しての、宮内記者に対する書面回答に言及されていたはずです。

中井　引用されたとか。

それから日本国憲法でアメリカ人の女性が加えたところがあるね。それに美智子さんは礼状をかかれたみたいですね。

加藤　ベアテ・シロタ・ゴードンさんですね。二〇一二年に亡くなられています。日本国憲法第二四条を彼女が書いてくれた。ベアテさんの父君は東京音楽学校のピアノ科の教授なんですね。東京音楽学校というのは、日本で高等教育を授ける共学の学校として非常に珍しかったはずです。

ここで少し話が飛びますが、一九四六年元旦、いわゆる人間宣言がでます。アメリカのGHQとしては、とにかく日本国民が神の子孫であり他の民族に優越していることを否定してくれ、また天皇は現人神ではないと言明せよ、とのスタンスで原案を書きます。しかし、この原案に、天皇も幣原首相も宮内官僚も積極的に関与して文面を変えてゆく。天皇は、宣言の冒頭に、五箇条

の誓文を置きます。神谷美恵子さんの父君の前田多門さんが準備された人間宣言の日本語の文章に加えて、天皇は五箇条の誓文をもってくる。

これは実のところ大きな意味があって、日本の立憲制、民主制は明治の初めからあったもので、途中、軍部が専横する時代があるけれども、日本にはすでにデモクラシーがあったという、ある種の歴史観を打ち出したといえる。この誓文を英文にするわけですが、この英訳は、新渡戸稲造が一九二〇年代に書いた本で用いた英文を使っています。

新渡戸が一九二八年くらいですか、国際連盟の事務局次長のときに本を出せといわれて、イギリスで本を刊行する。その段階ですでに新渡戸は、天皇と首相の関係は、ローマ教皇と国王のような関係で、デモクラシー国家やキリスト教国と日本は変わらないのだ、との主張を展開していました。五箇条の誓文、新渡戸ときて、日本のまともであった、戦争前の記憶を、うまく、インストールしている気がしますね。

先生が喩えでおっしゃっていた、日本の国というのは国家がおみこしのようなもので、まっすぐに進んでいるときはまことに上手くいくのだが、戦争となって、国家が急に曲がり角にやってきた時に、うまく回れない。みんな振り落とされる。しかし、国家が急展開をする時、天皇とその周辺がもつ文化力というんでしょうか、その力がきちんと曲がり角の手前から準備されている気がするのです。前田多門にしても新渡戸の弟子ですし、安部能成、西田幾多郎、いろいろな文化的知性が、敗戦前後に働いております。

女性の役割

中井　地震の時、皇后陛下からのお指図で、ＮＴＴで自由に東京まで電話をかけてくださいと、土居健郎さんのところに連絡があったわけです。

加藤　あの時も、いわば戦争のようなものでしたものね。

中井　このまえ美智子皇后陛下にお会いしたとき「前の震災での体験というのは今度の東北のほうに活かされましたか」というご質問で、それで少しお話して「リーダーシップをとったのは男性ですか、女性ですか」とおっしゃられました。

加藤　いいご質問ですね（笑い）。

中井　「女性です」っていったらなにか満足しておられた。フェミニストだなって思いました。赤十字から何から女性と平和はむすびつきますね。

加藤　美智子皇后は、前の震災を一つの軸として、今度の震災と原発事故をとらえておいでだったのですね。本当に国家が非常時になったとき、そのようなときに、女性が普段果たしている役割の大きさが見えるのだと思います。非常時から平時へ、女性の力が導いてゆくイメージがあります。

日中もし戦わば⁉

加藤　『日本の医者』（日本評論社、二〇一〇年）に収録された、「楡林達夫『日本の医者』などへの解説とあとがき」のトーンと、「戦争と平和　ある観察」のトーンは、似ていますね。似た感じというのは、「私は敗戦の時のショック以来、一切の党派に属さない決意をしていたのであった。ショックとは敗戦ではなく、それは予期していて、ただ終わり方がわからなかったのだが、人々の一変ぶりに驚嘆した。私はそう器用にはゆかない。私は神戸港に行って第三突堤に屯している掃海艇を眺めたりした」（『日本の医者』三〇四ページ）のあたりに漂う、世間へ向けた冷徹な観察眼ですが。

この観察眼が、戦略なり安全保障なりの面を論ずる段になりますと、鋭さが際立つ。「戦争と平和　ある観察」ですが、「意外にも、もっとも〝成功〟した戦争は、中国共産党が行なった長く苦しい戦争であるという見方が可能であるかもしれない」［本書三八ページ］と書かれていますね。一つには、中国との戦争は二度としたくないと相手方に思わせること、二つには、相手の怨みを買わないようにしていること、を挙げて、この二つのスタンスを強力な安全保障と位置づけています。

このようにやってきたはずの中国ですが、最近では、中国国内において、中国共産党のこのような戦い方の見直し、あるいは忘却が進んでいるようにも思えます。政治が軍事を上手くマネージしてきたのが、そうではなく、軍事が突出してしまう国になるのかも知れない。中国が太平洋を意識し、アメリカや日本を仮想敵国とするのであれば、結局、敵対する国同士にあっての、政治と軍事の関係は似てくるのではないか。

中井 うん。似てくるね。

加藤 戦前期においては、日英米間の主力艦や補助艦の兵力量をめぐって、大きな対立があったわけですが、大艦巨砲主義で、海洋での一大決戦で雌雄が決せられるといった、輪形陣［艦隊陣形の一つ］の考え方をとる限りでは、日本とアメリカは似ている。GNPで日本の一一倍ある国アメリカですから、あっという間に日本の二セット分の艦隊を作ってしまう。圧倒的な物量と、情報の使い方というソフト面を除けば、アメリカのオレンジ計画と、日本の国防計画における戦いの段取りなど、似ています。

中井 輪形陣っていうのは第二次世界大戦前にアメリカがだしますよね。あれは日本に暗示をあたえているよね。

加藤 そうですか。

中井 日本の海軍の軍備は、輪形陣をどうするかということで作られてくる。

加藤 現在、中国は、旧ソ連の空母を改修した「遼寧」を保有しておりまして、さらに、国産空母の建造にかかると発表をしました。日本でもこれに応じた建艦競争のようなものが起こりえましょうか。

中井　いや思いたくないですね。航空母艦をつくるということは日本はできないと思います。しかし、実際はつくっておりますよね、航空母艦。護衛艦といいつつ空母とかわらない。

加藤　集団的自衛権、積極的平和主義が喧伝される世の中ですし。

中井　空母があることはあるんですよね。「ひゅうが」、「いせ」、「いずも」かな。これはむかしは戦艦につけた名前なんですが、ところが今度航空母艦を主力にすることになりますかね。命名法からすると。

加藤　戦前においては、戦艦につけた名前が空母についている。

中井　そうですね。

　ところで旧帝国海軍っていうのは東北地方の出身者が多いですね。

加藤　たしかに、岩手県水沢の齋藤実、おなじく盛岡の米内光政、山本五十六は長岡ですが。

中井　東北人が多いっていうのは戦前はいわなかったと思います。薩摩海軍といっていましたから。

　ところで杉田陸将ってご存知ですか？

加藤　杉山陸相ではなく？　あ、自衛隊の杉田陸将ですね。

中井　山下・パーシバル会談で通訳した人。杉田一次［一九〇四―一九九三。アメリカとの開戦を阻止しようとした」で、アメリカ留学組です。で戦後この人が陸上自衛隊で大きなウエイトをしめていた。まあ今は亡くなっていますが、なぜわたしが知っているかというと、父親の上官でした。

加藤 あ、お父上の上官にあたるかた?

中井 わたしの父は一年志願兵［現役在営期間が一年に短縮される］というようなことで戦争にいっています。

加藤 中等学校卒業資格がある者が、費用を負担して志願し、一年現役修了後には予備少尉となれる制度です。

中井 そうですね。あれは国債を何百円か……。

加藤 そうです。一六〇円くらい。

中井 あれは一九二七年、昭和二年かで廃止される。特権的であるということで。ドイツとフランスとがあの制度があるんですね。それは実は下級士官の戦死率が高いからだそうです。それで日本の場合、わたしの知っているのは、たとえば住友の理事とか、なにかそういう方の兄弟とかが志願していました。

加藤 一年志願兵制、そしてその後継の、幹部候補生制度で採られた人などでは、映画監督の小津安二郎などがいますね。日中戦争で戦死した監督では、『河内山宗俊』の山中貞雄。小津の場合は、昔の旧制中学、山中の場合は旧制の高等学校を出ているので、受験資格がある。お父上は、最後は大尉になられましたが、小隊長くらいまでいきましたか。

中井　そこまではいってないと思う。
　まあ、わたしは父親が定年したこともあって杉田陸将に挨拶に行ったら、自衛隊の図書館でつづけてやとってくれたんです。それで御礼に行ったら君は自衛隊の軍医にならないかって。自衛隊ができて直後ぐらい。わたしが一九歳ぐらいのときかな。お断りしたわけだけど。まあポジションまでかんがえてくれたわけではなくて一声かけてくれた。あのころは自衛隊ＯＫってひとはまだ医学生でも少なかったですね。
加藤　自衛隊創生の時代を肌で知っている世代なのですね。
中井　しかし、杉田陸将は三菱重工にはいりましたから。天下りというかなんというかやっぱりそうかというかんじ。
加藤　先生はいろんな方といろんな時にあっていらっしゃいますね。お父上はちょっと浮世離れしていた方だった。息子である中井青年も苦労されたんだ（笑い）。
中井　そうそう。そういう宿命ですね。
加藤　もまれているので、修羅場につよい？
中井　周りは大人だらけだったからね。
加藤　いま、突発的な小競り合いで日中武力衝突となったら、終わらせる手立てが思い浮かばない。盧溝橋事件の時でも、その前の華北分離工作の時でも、日本側は多くの条件を積み上げるでしょう。交渉中に現場がこじれる。

中井　うん……そうだね……。でも中国と日本はもういっぺん戦争するの？　それはしちゃいけないよ。

加藤　もちろんです。海上自衛隊にしろ、海上保安庁にせよ、現場はむしろ、切れば血の出る関係で、冷静ですね。ただ、中国外交部と日本の官房長官などの記者会見を見ていますと、売り言葉に買い言葉という応酬が繰り広げられていて、不安があります。

中井　東京ではそんなことになっているの？　安倍さん、彼は本当に戦争好きなの？

「戦後のレジーム」っていうのは本当にレジームの意味でつかっているのかな？

加藤　戦後レジームという言葉は、たしか第一次安倍内閣の時、塩崎恭久官房長官が、公務員改革を絶対にやる、という意味で、戦後レジームを変えるといった。中井先生のいわれる通り、安倍総理が、本当のレジームという意味を知った上で、この言葉を用いているとは思えません。安倍総理のような使い方ですと、日本国憲法、サンフランシスコ講和体制をひっくり返すように聞こえます。そうであれば、第二次世界大戦の連合国、アメリカや中国は、ほっておけなくなりますね。安倍内閣は、集団的自衛権容認がなぜ必要か、九条を含めた憲法改正の必要性を、中国の軍拡や活発な海洋進出に求めています。

中井　わたしが知っている中国人は日本と戦争するなんて考えてもいないよ。

加藤　わたくしもそう思います。中国の軍事を分析する専門家も、中国が今念頭に置いているのは西向き、内陸向きの発展であって、太平洋に関しては、アメリカと平和裡に棲み分けると分析しています。

中井　日本の自衛隊の諸君もそんなこと考えていないだろうし、アメリカは戦争してほしくないと思う。嫌だろうと思うよ。

加藤　信じたいです。わたくしも。

お互いの信頼が大事

中井　わたしのところは中国の留学生がけっこういたんですよ。最初は東京のどこかから電話がかかってきて留学生をとってくれと、これは北のシロクマをふせがなくちゃならないからなみたいなことを言われました。つまり米ソ対立のコンテクストのなかでかんがえていたようですね。それでそのときは「日中むすばざれば危うし」といった感じが日本のほうもあったと思います。それで留学生をとりましたし、かなり一生懸命世話をしたと思います。のちに文化大革命のあとの人材不足をおぎなうためだったということがだんだんわかるんですが。

アジアの人は、わたしの原則では必ずその方の来歴をきいても他人にしゃべらないと。そうすると信用してくれるし、それは必要なことなんだ。

加藤　信頼するかしないか、できるかできないかに、ひと一人の命がかかる国を生きてきたわけですから。日本に占領された戦争の時代、国共内戦の時代、文革の時代、天安門以降の時代。中国人が人を判断する基準には厳しいものがありますね。

中井　それはあると思う。ただ信頼は必要。たしか神戸新聞かなにかにのせたのかな。中国について書いたことがある、そしたら中国人から礼状がふたつほどきた。よく書いてくれたってことですかね。

加藤　これだけ近いんですから信頼関係は大事。

中井　うん。かつて日本が強大な軍事国家になっていくことを中国はどう感じていたかっていうことだよね。

加藤　戦前期において、ベルサイユ体制とワシントン体制の時には、幣原喜重郎もいて、海軍軍拡に歯止めがかかっていた。しかし、一九三三年あたりから、海軍軍拡が始まりました。これは、蔣介石にとって脅威でしたでしょう。一方、戦後の日本は、憲法九条を掲げてきた国、エコノミックアニマルで経済第一できた国、花岡事件や西松建設の和解訴訟などで市民運動家や弁護士が活躍する国でした。そのような穏健な日本の印象は、野田内閣や第二次安倍内閣で、一変するわけですね。対岸から見た時、これは非常に怖いことだと思います。

中井　わたしの記憶だけだから間違いかもしれないけど、日本が降伏したときに中国軍も一応占領軍として声をかけてもらったみたいだね。しかし中国は辞退したということらしい。

加藤　国内の共産党との内戦もあり、辞退していますね。

中井　これは南京の復讐だっていうようなことに現場でなったら非常にまずいということも考え

にいれたのだろうと思いますね。

加藤　なるほど、われわれはそのような可能性を考えてこなかったですね。中国が加わらないのは資金不足ということにされていた。イギリスでさえ占領に来るのは一部だけでした。

中井　イギリス連邦軍は、広島県にきていますね。

加藤　南京の、というとき自分の側から恨みをかわない選択をおこなう、というのは、先ほども触れましたとおり、中国の安全保障のやり方の一つなのかもしれません。

中井　わたしの研究生にした中国の方のなかにはね、留学して師範学校、教育大学に籍をおいたのだけどそこの教授がなぐるんだそうだ、学生をね。戦後だよ。それで胃潰瘍になっておられたんでその方をわたしが研究生にしてということがあった。つまり日本人もとんでもない人がいる。

加藤　中国人や韓国人に対するネット上の揶揄などは、明らかに、中国が世界第二位の経済大国になった時点、ITのスマートフォーンや家電などの分野で日本が韓国に競り負けた時点から、増えました。アジアからの脱出が国家の独立であった明治時代の記憶を長く引きずっているのかも知れません。明治維新期ばかりが、大河ドラマに選ばれますしね。

中井　うーん。

加藤　それにしても教育は大切です。中井先生のプロセスなんてみたら学校教育でどんなにいいことを教えたり、内容的に中国側のことを教えても学ぶ人は学ぶし学ばない人は学ばない。ただ先生が原則的にきれいな美しいことをやったときに肌に粟が生ずるほど感動するっていう日があるかどうかですよね。

中井　そう、米英の旗を……まもった。日本の病院船がもう戦争がおわりそうなころに米国の駆逐艦に臨検うけているんだね。そしたらへさきにひるがえっている日の丸にみんな敬礼してはいってくるんで震えるような気持ちになったと。たしか商船の乗り込み員だった方の随筆にでてくる。わたしの先生もそういうところがあって震えるような感動があったね。

加藤　今日はどうも有難うございました。

中井　こちらこそいろいろと教わりました。

（二〇一四年八月二八日）

加藤陽子（かとう・ようこ）
一九六〇年埼玉県生まれ。東京大学文学部・大学院人文社会系研究科教授。日本近現代史。著書に『満洲事変から日中戦争へ』（岩波新書）、『それでも日本人は「戦争」を選んだ』（朝日出版社、小林秀雄賞受賞）、『昭和天皇と戦争の世紀』（講談社）など。

II

災害を語る

関東大震災の話は祖母からよく聞いていました。私たちの小さいころに、国民全部が覚えていたのは関東大震災の日付です。大正一二年の九月一日。いまでも大正生まれの人に対して心理テストなどで常識を診断するとき関東大震災の日付を聞いたりします。

祖母によると関東大震災のときに、橋の上の線路を歩いて逃げたそうで、下の川から「たすけてくれ、たすけてくれ」と人がたくさん流れていったというような話を聞いています。富士山が噴火して宝永山ができるといったような宝永年間の爆発さえも祖母は昨日のことのようによく話していました。

ああいった経験からしばらく遠のいていたのかもしれません。私も名古屋から神戸にくるときは、神戸には地震がないからと家族を説得しました。関西の方、とくに神戸に地震なしと神戸の人は思っていたみたいです。関西の人は関東にきたら絶えず揺れているといっていました。実は、紀ノ川の河口にはよく地震が起こります。日本列島を縦に亀裂が走っていますが、紀ノ川は地震の亀裂です。これは四国の吉野川にもつながっています。

昔、韓国人の家に下宿していましたが韓国人は地震に慣れていなくておびえるようです。それでも朝鮮の歴史をたどると結構地震があったみたいです。ヨーロッパの人も地震がないと思っていました。ヴォルテールも書いていますがリスボンの大地震がありました。

天災の来るサイクルというのは人間の一生よりちょっと短いようです。一生に二度出会う人は運が悪いとされるとは結構いわれることです。

*

神戸の震災のときは、私は神戸大学の精神科教授でしたが、ロジスティックを担当しただけで若い人が中心になってやってくれました。私は生き埋めになったわけでもないし、本当の渦中ではありません。私は、現場の力を生かせるようにスタッフのケアをするようにしました。東北でもそうですが無名のリーダーたちが頑張ってくれました。

阪神・淡路大震災の前に、北海道のほうでたてつづけに地震があったので、北海道の人たちがPTSDの解説マニュアルをつくっていて、それが兵庫県にもまわってきていました。兵庫県はそれを刷り直して使わせてもらいました。そして、もともと神戸にあった精神科のネットワークを活用しました。あのときは、皇后の美智子さまのお指図でNTTが回線を確保してくれて土居健郎先生に毎晩現状を報告できたのが有難かったです。美智子さまも阪神のときボランティアで参加していらっしゃいます。

災害精神医学はゼロからのスタートでしたけれど、今回の東北の地震にも神戸やそれまでの蓄積が生かされてきているとは思います。東北の震災のときは、神戸、京都からも精神科の医師が何グループか交代でいっています。

「こころのケア」という言葉はおそらく神谷美恵子さんから皇后陛下に伝わったのでしょう。当初手当てだとかこころのケア、ＰＴＳＤとかそうした言葉にはみんな反発がありました。それは新聞のほうにもあったかもしれません。なんというか言葉に対する反発があるでしょう。ケアという言葉は最初なかなかうけいれられなかったと思います。正式用語としてはめずらしいものです。

私はわりとユダヤ人に気に入られるのだけれど、案外、私にはユダヤ人と通じない要素が少ないのかもしれません。ＰＴＳＤの概念はユダヤ人から来ていると思います。私の訳した『心的外傷と回復』の著者であるアメリカの精神科医ジュディス・ハーマンはユダヤ人です。ユダヤ人はポグロムやホロコーストなど迫害されてきた民族ですからユダヤ人の対処能力をこっそりしのばせたかもしれません。

第一次世界大戦の軍人の精神的な後遺症についてアメリカはよくしらべていました。軍医が勉強会なども行っていました。戦争神経症の研究をしたエイブラム・カーディナーはフロイトの分析を受けた人ですが、そんなこともしかしたら関係しているかもしれません。

＊

東北の震災がさらにすごいものでした。規模が神戸をはるかに凌ぐだけではなく、原発事故を抱えています。原発を後世に残すことは考えなくてはいけないと思います。政府や行政の対応、東電の対応は四分五裂していて被災者は本当に気の毒でした。希望的観測をもちつづけたまま目をつぶって戦争を続けた、昔の日本軍を統率した幹部を思い出します。

東北の地震の日、映像をみて、「あ、これはセイロン［二〇〇四年のスリランカ大津波］といっしょだ」と、すぐさま感じました。地震がはじまったときは、「あっ」と思い急いでタクシーを呼んでもらって、今いる施設から家に戻り一人でテレビを見ていました。施設にいると感想をしゃべったりする相手をつくってしまうと思ったからです。それよりも一人で何が起こっているか見たかったのです。

空襲のときもそうですが、ふつうは話したいけれど、自分の感情をまとめていく作業に気をとられてしまうと思ったのです。語るということは何かとの妥協でもありますから。またもうひとつは揺り動かされている姿を人にみられたくないこともあり家に戻りました。

あれは、私にとってそれまであった信頼の基礎のようなものが大きくゆらいだ出来事でした。東北の大震災が突然生活を壊滅させたということで、私のなかでは戦争と結びつきます。

原発事故が原因と思われることで亡くなった方や戦争で亡くなった方に対してはなかなか喪の作業ができないと思います。

人間、ショッキングなことが起きると忘れたいと思う反面、忘れてはいけないという倫理観が働きます。時間が治療者になるとはいえ、東北の方の気持ちは神戸からはなかなか推しはかれないことがあります。

東北の震災のときはフィリピンや中国の人が移民で来ていてそれが行方不明になったりあるいはなんとか助かったりしています。フィリピンの台風のときは日本人がかなり向こうにいってそのようにはなっています。

これからは移民のことも考えなくてはならなくなるでしょう。

災害対応の文化

東日本大震災の被災地に赴いた兵庫県の人たちが異口同音にいうのは、「兵庫県から来ました」「兵庫県の者です」というと、相手の態度ががらりと変わるのだそうである。共に災害後を生き抜いてきた同士、仲間という感覚で接してもらえるという。さらには、災害後を生き抜いた先輩という眼でみられるそうである。だから、なだらかな関係が自然につくれるという。

そういえば、当時の兵庫県立看護大学（現在は兵庫県立大学看護学部になっているが）にパトリシア・アンダーウッド教授というアメリカ人の看護師がいた。私も非常勤講師で精神医学を教えていたので、アンダーウッド教授には、いろいろ私の考えを聴いてもらった。実は彼女は、ちょうど一年前の日付まで同じ一月一七日に起こったアメリカのノースリッジ地震を現地で体験していた。だから、彼女の答えは非常に信頼できるものであった。今も思い出すのは、ＰＴＳＤになっている医師はＰＴＳＤが診断できませんというもので、だから、ＰＴＳＤという、当時は新しかった概念についての論争はある程度以上は私にとっては無意味だとさとったのであった。

彼女は今はハワイで引退生活を送っている。しかし、彼女とまさにそっくりの二度の被災体験、すなわち、阪神・淡路大震災を兵庫県で、東日本大震災を福島県で体験している看護師がわが国にいる。現在は福島医大看護学部准教授の大川貴子さんである。彼女は聖路加看護大学出身のリエゾンナース（各科連携看護師とでもいうべきか）であって、阪神・淡路大震災をやはり当時の兵庫県立看護大学の教員として経験している。当時の私は何度か大川さんに会っており、このたび連絡のために神戸に来られて私も何度か会って、非常に懐かしい思いをしている。ちょうどアンダーウッドさんと同じ二度被災者である。

しかし、彼女は過去を振り返るためにやって来たのではなかった。こころのケアセンターは兵庫県をモデルとして新潟県にもでき、さらにほうぼうにできる予定らしいけれども、大川さんは地震津波と原子炉故障との二重災害地域である福島県の相双（相馬・双葉）地域にＮＰＯこころのケアセンターを立ち上げており、それに協力しているのが兵庫県の精神神経科診療所協会なのである。

実際、精神科医はただでさえ、その地域には少なかった。火曜日から金曜日までは一〇〇〇キロ以上離れた兵庫県から、自分の診療所を休診にしてでも、精神科医が駆けつけているのである。

私は、兵庫県の診療所協会の医師から話を聞き、多少相談に乗ったこともあるけれども、仲間ぼめといわれそうだが、実際によくやるものだとただただ感心するばかりである。

大川さんにいわせれば、ただ来援するばかりでなく、スケジュールに穴が開いたらきちんと埋めてくださるというのがありがたいという話である。参加している人は診療所開設者であるから中年以後であり、中には六〇歳代の人もいるのである。患者からすれば毎回同じ医師に会えるとは限らないのが難点であろうが、私が若いころは大学の外来でさえ主治医制をとっていなかったところのほうがむしろ多かった。

こういうことは、兵庫県こころのケアセンターが存在し、活動を続けてきたことと無関係ではないだろう。阪神・淡路大震災のときにはまとまった数の災害対策に動く人員がいたのは神戸大学の精神科医とそれと友好関係にある精神科医（特に北九州の九大、久留米医大、長崎大の三大学）しかなかった。そこに全国から精神科医が集まって急性期をしのいだ。そこへ初めて前例のない予算が付いて、こころのケアセンターが発足し、五月に人選を行い、準備と訓練に三カ月をへて八月から活動を開始している。この移行期間は今回はないに等しいのではないか。

災害の経験は精神科医だけではなくいろいろなところに生きていた。

私の聞いたところでは、兵庫県庁が、若い職員も含めて、非常に災害に対応する心構えを以て最初から対応してきたことは驚くべきものがある。道中のレンタカー、ガソリンの手配、現地の自治体で被害の少なかったところへの道案内と言語習慣などの指導の依頼、さらにどういう職務の人が何人不足しているかという判断と不足人員の県庁からの派遣などは、県庁と県精神保健福祉センターと県こころのケアセンターとが一体になって実行したところである（「〝兵庫県〟はブランドです」と言われたとか)。

阪神・淡路大震災の経験は、これまでの十数年の間に、新潟県をはじめ、各地の災害にこころのケアセンターが出動した先々で、災害対策の要領を国内に広めていたことが改めてわかった。広域自治体連合である関西広域連合の最年長の知事として、兵庫県知事が近畿各府県に担当する東北各県を決めておいたことも役に立った。この災害対応の文化とでもいうべきものは、これまでの経験の有無もあって、関西府県によって格差があるけれども、今回の経験でそれぞれ一段階深まるものと期待している。『神戸新聞』(平成二四年一月一日付)に掲載された年頭の挨拶で知事は県職員に災害出動の際に期待される業務を普段から予め割り当てておくと語っている。これは今回の経験を踏まえた新しい試みである。

一七年前の私どもの活動記録も提案を受けてすぐにインターネットで配信され、ついで出版された。何もない初期に役立ったと聞いている。こころのケアセンターが患者のこころに接する際の米国のマニュアルを翻訳して日本で使える形にして出版している。

マニュアルの有無が重視されるのは時代の趨勢であろう。これは責任を詳細に問うことと表裏の関係にある。マニュアルが作成してあるかどうか、そのとおりにしているかが問われる時代となった。しかし、マニュアルはあらゆる場合を想定しなくてはならず、同時に実際に当たって使えるように簡潔明快でなければならない。これは矛盾した要求である。マニュアルには限界がある。私は長年にわたって使われたマニュアルを二つ作っているけれども、いずれも私自身が長年やってきたことであった。日本の器具の取扱説明書の評判が良くないのは、新品は実際に長年使った人が書くということがありえないからだが、臨機応変、即興能力、身体で覚えることを当然としてきた日本の職場文化が限界に達したのかもしれない。しかし、これはマニュアルを補完するもので、「想定外」の事態といえども対処せねばならない。

実際、高度成長の時期には、天災があっても、社会をゆるがし、その雰囲気をがらりと変えるというほどでなかったように今からは思える。自然とは、まずは楽しみ、余裕を以て味わうものであった。今、自然観は一変した。自然は人間のことなど全く顧慮していないことを私たちは実感している。地球温暖化は、エネルギーを大量に消費しつづけている今も変わりないはずだが、あまり問題にしなくなったようで、代わって原子炉に代わる火力発電が肯定的に語られるようになった（しかし、国際情勢は安定した石油供給を保証しているわけではない）。実際は、偶然ほどバラツキが大きいものはない。それは平均値のなだらかさと全くの反対である。日本に天災が集中する時期があるようにみえるのは地質・気象の科学で説明される想定可能な部分と偶然で想定できない部分とがある。両者を結ぶのは統計と確率であるが、これは現実には想定外で偶然だという顔をして現れる。

両陛下が皇太子時代から内外にわたってよく活動され、高齢に達せられた今日も続けておられる。私も天皇陛下の同学年であり、自分の老いや病いを思い比べてしまう。ご健康を祈ること切なるものがある。

精神医療の他の部門のことは知らないので触れることができなかった。きっと東日本大震災に関連した活動をなさっていることであろう。

【対談】

大震災・きのう・きょう 助け合いの記憶は「含み資産」

×島田誠

人生はやせ尾根の道

島田 先生は、一月一六日が誕生日で、フランスの詩人の作品の翻訳をちょうど終えられたその翌朝、大地震だったのですね。

中井 そうです。ただ、年末から風邪気味で、薬のせいかドーピングみたいに、詩への感受性が高まって、リズムの波に乗るような感覚で訳せました。ヴァレリーの詩なのですが、こんな大きなものは今後訳することはないだろうと思ってちょっと興奮してますから、睡眠薬を飲んでさっさと寝たのです。ですから地震が来てもなかなか目が覚めなくて……。家は震源地に近いのですが、地盤がよかったせいか被害は申し訳ないほど軽く済みました。

島田 私はあのときは日本にいなくて、夜になって関西国際空港についたのです。ですから、申し訳ないという思いや、後ろめたい気持ちがずっと続いています。
ところで、先生の書かれた本に「災害においては柔らかい頭はますます柔らかくなり、固い頭はますます固くなるのが一般法則である」という文章がありますが、それは例えば事務方は固く、お医者さんは柔らかいというように、仕事との関連はあるのですか。
中井　そうではないです。役所で机を並べて同じ仕事をしている人たちでも、固い人、柔らかい人がいます。学校の校長先生でも、できることは何でもどうぞどうぞという先生もあり、規則だからといって給食用の食器も貸し出さない先生もいたようですね。
島田　状況に対応しようとする人と規則を押し通そうとするふた通りの人がいましたね。
中井　人生というのは、やせ尾根の上の道を歩いているようなもので、右に落ちるか左に落ちるかは紙一重だと言えます。川で子供が溺れているのを見て、助けに行くか無視するか、無視するときは、おれはもう六〇を過ぎている、泳げないなど、と自己弁解をこしらえます。時には体が先に動いて飛び込んでいる。飛行機の中で病人が出て「お医者さんはおられませんか」とスピーカーが呼ぶとき、精神科医の私は自信がなくて、内科か外科の人が立ってくれたらいいのに、と一寸ぐずぐずする。だれもいないと分かると、よろよろと立ち上がるのですが、ひきょうと勇気は紙一重だな、とつくづく思います。私のセクションではだれの態度をも非難しないという方針を立てました。
島田　神戸をはじめ、被災地には強盗や略奪や暴行がなかったと称賛され、イギリスの放送局は

「神戸というのは神の戸口だ」と解説して、モラリティーを称えたことがあります。市民が落ち着いて行動したのは、情報が発達した社会だからすぐに救援がくることが分かっていたからなのか、それとも神戸というまちに住む人たちの特性だったのでしょうか。

中井　両方あると思います。私は、こうした災害の中で、被差別者に対して暴行があるのかないのかが、戦後五〇年をどう見るのかの試金石であるだろうと考えていました。在日韓国・朝鮮人に対して日本人はどういうことをするだろうか、もし暴行があれば私はどう行動するだろうか、と考えて、それなりの覚悟もしていたのですが、後で在日の人に聞くと、強い不安があったけれどまちに出るとそんな不安はすぐ消えたと言っています。

流言飛語も、私のまわりでもそれに近い話はありましたが、ただその場には、そんなつまらんことは言うな、と止める人が必ずいましたね。これは、神戸的であるかもしれない。

救援でも、神戸だから救援に行きやすかった、ということがあるかも知れません。京都だったら、結構ですと断られそうな、あるいは作法にあっていないと言われそうな気がしないでもない。私は京都に十数年住んでいましたが、京都プロパーの人と友人になったことがない。「七代住んでいただかないと京都人にはなれない」と言われたことがあります。それに比べると、元町の商店主で古い人でも四代目ですか。

島田　そうですね。

群れたがらない神戸人

中井　神戸はみんなぼちぼちだ、という感じがある。暴走族でも、大阪と神戸は違いますね。

島田　ほう、レベルが違うのですか。

中井　大阪の暴走族は、大集団で、鉄棒を持って闘いますからすごい。それを襲う族狩りという四輪駆動の集団がある。名古屋の暴走族は、闘いはしないのですが、ギャラリーの喝采を期待している。神戸の暴走族は、まず数が少なく、数台くらい。神戸は個人主義なのか、群れをなして、数を頼んでやるという気風はないんじゃないですか。大阪に住み慣れている人に言わせると、神戸人はよそよそしい、物足りないと言いますね。

大阪だったら、乳母車を押しているとぱっと道を空けてくれる、階段があったらさっとかついでくれる人がいる。神戸人はいざとなるまで知らん顔している。

島田　私は神戸生まれの神戸育ちなので、群れたがらない人間の部類かもしれません。中井先生は名古屋から神戸大学に替わられたとき「神戸に戻ってきた」という印象があったそうですが、どういうことなのでしょう。

中井　神戸に着いたとき、全身がゆるむ感じがしました。私の長女の印象がもっと端的で感覚的なような気がします。新神戸駅に初めて降りたとき、パンの焼ける匂いがした、と言うのです。

戦後しばらくまでは、阪急電車で西に向かって夙川を過ぎると、そのころの全国どこでも感じられたコヤシの匂いがしなくなる。空気がからっとして花粉の匂いがしてくる。こんど甲南大学に替わって岡本の駅で降りたら、ここは花の匂いがきつい。新しい住宅地である私の自宅のあたりの花とはパワーがちがいます。花の年期が違うのですかね（笑い）。

島田　神戸市民のメンタリティーの特徴は、ヤイヤイ言うな、目くじらを立てるな、むやみに言いつのるな、というところにある、と先生はたびたび書かれていますね。

中井　おばが嫁いだ先が、兵庫港が栄えていた時代から住んでいた平野村の家だったのです。その旦那が「神戸人というのはな、あまりヤイヤイ言うものではないんだ」と、説教のような自慢のようなことをよく言っていました。

島田　それは私も感じます、先生は、神戸には自由都市の空気がある、とも書かれていますが、私は論争を嫌う体質があるのではないだろうか、それはちょっと不気味なことだな、と思うことがあります。

中井　そうですね。徹底的に違いを洗い立てて争いませんね。でも付和雷同、大勢順応とは思いません。周囲にも寛容だと感じます。奇人、変人はほかの都市より住みやすくありませんか。

東京の人が謎とするのは、京阪神の三都市は近くにあるのにどうしてこんなに人が違うのか、というところにあります。私の返事は、近いからみんないつの間にか好きな所を選んで住むようになってる、です。竹の音や松風を聞いてお茶でも立てたい人は京都を選ぶ。哲学の先生は、神戸大学に通おうが大阪大学であろうが、住んでいるのはだいたい京都ですよ。甲南大学の社会学者は、神戸に住むと感覚がにぶくなる、まして岡本あたりに住むと社会学者としての触覚が失われそうだ（笑い）、現代社会学をやるには大阪の下町に住まないとね、と言っていました。住み方を選べるのが関西の値打ちだと思いますね。

市役所はアルミ缶の肌合い

島田　まちづくりの問題でも、住民同士は議論しますが、行政側とは論争がない。私たちと行政との間でもなかなか論争というものが起こらない。

中井　東京の人はオカミを徹底的に攻めてやらせる。あれはありませんね。東京から来ると、オカミにあんまり期待していないみたいにみえます。行政機構としての神戸市と神戸のまちとは別ものだと思いますね。昨日もある新聞の神戸支局の記者と話したのですが、市役所と県庁は違う肌合いがある。兵庫県は泥臭いところがありますが、議論に付き合ってくれます。情にほだされて動くこともあります。県の「こころのケアセンター」、略して「こケセン」と呼んでいますが、私はいまここの所長［—二〇〇七年三月退職］でもありますが、ここではうるさいハンコなしで物事を処理することができる。大きなことは首脳部と若手代表の「こケセン・サミット」で決めて、細かいことは出向してきた専門の女性課長に任せるように運営を簡素化しました。災害後次々に変わる情勢に対応する機関だからというと、三時間議論したら納得してくれました。

一方、神戸市役所は、たとえてみると、アルミ缶に猫が爪を立てるような感じがあります。スマートなんだけれど、よく聞いたら何も言っていない。私は神戸市と協力していかなければいけない立場ですから言いにくいのですが、神戸市株式会社は、私企業と同じ肌合いがあって、だから株式会社なのかな、と。さしてコネのない人間が企業の応接間に入った感じかな。中の人は残業々々でそれこそ企業以上に働いているのも知っていますが。

島田　私も震災復興のことなど提言を持って市役所と接触はするのですが、猫ではないのですが、爪が引っ掛からない。完全に無視されるか、丸ごと取り込まれるか、ディスカッションにならない。

中井　公害を出した企業とやり合うときの感じですかね。復興といっても、必要性があまり感じられない建物や事業がめだちます。地震の前からの計画だった、といわれるものもあるのでしょうが、本当に必要なものが残されたままになっている気がします。

神戸は、自然環境や高齢社会のことなど、本来は二一世紀を先取りしているまちだったと思うのですが、そのあたりがいまはっきり見えてこない気がします。まちづくりも二一世紀の課題を解決する方向を示してほしいのですが、どうでしょうか。

島田　危機管理のシステムとかは全国で考えられるようにはなったのですが、二一世紀へつながる社会、暮らし方、都市のありかたなどは見えてきていませんね。

神戸というまちと、神戸の行政は分けて話をしなければならないのですが、司馬遼太郎さんが『街道をゆく』のなかで、神戸人が神戸を語るときは維新の志士のごとくにひざを乗り出す、と書かれているのですが、その熱意は最近冷めてきたように感じます。

中井　ええ、私も神戸市民になってから一時は維新の志士のような熱意がうつりそうな時期があったのですがね。

島田　十年くらい前までは、神戸ほどいいまちはない、とみんな自慢していたのですが、あまりにも開発が繰り返されて、これでいいのだろうかという疑問が出てきた。他方、経済も頭打ちで見通しもはっきりしない。そんな漠然とした不安がまちに対する熱意を下げてしまったように思えるのです。

中井　神戸市は二百万人都市としてデザインしたのにそこまでには達しなかったとか、芦屋、明石市を合併しようとしたが失敗したとか、そういう苦しさはあると思います。予算に占める税収の割合が大都市でいちばん少ない、とかね。しかし、そういうこととは別に、市役所にはこういう考えの人がいるのですね。中堅の人の話なのですが、「神戸の市民は冷たい。得するから神戸に住んでいるだけで、得することがなければどこかへ行ってしまう《契約市民》だ」と言うのです。私は、「それは違うのではないか、司馬遼太郎さんの文章を読んでみなさい、神戸の人はまちにすごい愛着を持っていますよ」と反論したのですが、行政の中では「しょせん契約市民だからなあ」と思っているのかもしれませんね。市民はそんなに冷たく映っているのでしょうか。

島田　そうですか。それだとしたら、役所の考えと市民の思いはまるで違いますね。私は、生まれてからずっと神戸一点張りで、東京には行きたくないと思ってきました。ただ神戸には基幹産業と言えるものはなく、神戸市という公共ディベロッパーが開発によって利益を生みだし、それを市民に還元している、市民に恩恵を与えている、という姿勢がずっとあります。

中井　そうですね。それはあるでしょうね。市民はそれを認めていなかったわけじゃない。ともに踊った気味もある。でも今それが曲がり角に来ているのでしょう。

日本の最後の含み資産

島田　地震後二カ月か三カ月の間は共同体感情が非常に高まっていました。みんなが優しくなって、共感できるようになっていた。私は、自分が頭を手術したときのことを思い起こして、あれは集団臨死体験だったのかなと思ったり、その後は集中治療室体験のように思ったのです。気が付いてみれば生きていてよかった、というしみじみとした感謝の感情が沸いてきました。あのときは、理想的な集団、コミューンのようなものが成立していましたね。このことは先生も「夢かまぼろしか、あるいは錯覚か」と書いておられます。一瞬かいま見た、貨幣経済がなくなり、学歴社会が消え、階層のない世界、そうした幸せな世界は、あれは一体なんだったのか、消えてなくなるのはやむを得ないのだけれど、あの記憶をとどめて新しい社会を求めていく、このことが大事なんだろうと思うのですが。

中井　私もあのときいろんなことを考えました。革命というものは経験したことはないけれど、ロシア革命やフランス革命の直後の高揚感はこれに似ているんじゃないか、という気もしました。革命の前の社会や経済は破局が差し迫っている。それが革命で壊れ、すべて最初から始めるんだ、という意気盛んなものが生まれる。そこまではいいとしても、それは長続きしない。革命の指導者は、その高揚感をいつまでも続けさせて利用しようと強権政治を敷いてしまう。フランス革命でもロシア革命でもあったでしょう。革命後どうして恐怖政治になるかというのは「乙女の姿しばしとどめん」じゃないけれど、この貴重な感じを永続させようと権力者が強権を振るうからですね。非常時に体験する解放感は、人間性のひとつのエッセンスだけれども、それをコンクリートで固めていつまでも残そうとすると変なことになっちゃうんじゃないかな、と考えましたね。

　精神医学的に考えると、これは三、四十日くらいしか続かないのが自然だから、その間にやるべきことはやろうと考えていました。

島田　こうした状況の中でのユーフォリア、多幸性、至福感と訳されていますが、あの幸福感は、ゴールデンウイークあたりから消えていきましたね。

中井　そうですね。ユーフォリアというのか、欠けることのない一体感があった。しかし、二月の終わりくらいにはもうほっとした感じが流れていましたね。みんな無理をしているのです。非常に悪い条件の中で生きているのですから気が抜けるのは当然です。

島田　あれから二年半経って、あのときの、例えば信号機が壊れていても譲り合って事故を起こさなかった。ところがいま神戸は駐車違反などが増え、マナーが悪くなった。ゴミも増えまちが汚くなった。こうした変化はどういうことなのでしょうか。

中井　でも、いざとなると復活すると思うのですよ。私は今年の八月十八日に淡路の岩屋から明石へのフェリーボートに乗ったのですが、大変な待ち時間でした。まず路肩に数百メートル車が並んでいるのですが、後に着く順に少し離れた臨時の駐車場に車を誘導する人がいる。しばらく待つと、乗り場の近くの駐車場にまた誘導してくれる。しかも予約している車とそうでない車をちゃんと分けている。フェリーも増発して早く運ぼうとしている。その間、喧噪もなく、割り込む車もなく、整然としていました。これは、日本が持っている最後の含み資産だな、と思いました。

人間の社会性、共同体というものは、必要に応じて出て来るものだという感じが新たにしましたね。不必要なときに出てきたらこれはセンチメンタリズムだし、権力で強制するとか、雰囲気で強制することになると、不自由な社会になる。ふだんはシラケている自由があっていいわけです。

行政に流れる植民地経営の手法

島田　助け合いの記憶が「含み資産」の資産価値を増加させてくれることを願いますね。だけど、精神的財産で失ったものもあるように思います。

中井　たとえば震災前の、まったりしたような雰囲気がなくなった、須磨の少年の事件［神戸連続児童殺傷事件。酒鬼薔薇事件］でもそういうものの中でできたんじゃないか、という若い人の意見があります。関東大震災を経験した人は、あれ以後東京には何かがなくなった、と言いますね。永井荷風などはとくにそれを感じたのでしょうが。

　関東大震災の後の東京は、私は生まれていたのではないから言えないのだけれども、躁状態を無理に続かせようとしたように思いますね。震災復興音頭、東京音頭なんか躁的ですよね。

島田　国策として早く立ち上がらせようとして躁状態を維持しようとしたのですかね。

中井　後藤新平のデザインがほとんど実現しなかったことがあります。後藤新平は、台湾で植民地経営に当たった官僚で、震災復興院の総裁になったのですが、小人（しょうにん）どもがじゃまをしてそのデザインが実行されなかった、という、うらみが東京都にはあるようです。道路網も無秩序で、東京村と言われたりするのは、寄ってたかって後藤新平を台なしにしたからだと言うのですね。後藤新平の亡霊が神戸の復興計画の諸君の中についているのではないか、という気がしないでもない。後藤新平は原口忠次郎神戸市長の植民地開発の先輩でもあります。
池田清さんの『神戸市財政の研究』（学文社、一九九七年）という本を読んだのですが、この中に神戸市の幹部には植民地官僚の考え方が影響している、と書かれている。そう言われればなるほどと分かることが多くあります。後藤新平が台湾総督府にいたとき、文武両備で支配したというのですが、当たりのいい言葉と強い力で押していく感じがいまの神戸の行政にありますね。

島田　そうした伝統が脈々とあるのですね。神戸市の都市計画担当幹部が「いまこそ道路を広げる千載一偶のチャンスだ」と口走ったのは、そうした流れからきているのでしょうか。

中井　原口さんが満洲でやった都市経営というのは、農民から安く土地を買って道路をつけ、都市をつくって土地を高く売る、こうした手法で満洲全土に道路を作っていく。これはまさに神戸のデザインです。このロジックがどこまでいくか。

三宮から東灘にかけての地域を復興するよりも、西神中央［神戸市最西端のニュータウン］などにビルを建てた方が、デザインの点でも費用の点でもいいんじゃないか、という考え方もある。あの辺りは三〇年前の東京の多摩ニュータウン開発を思わせる活気です。さすがに自然を残そうとしていますがね。明石海峡大橋建設がらみでいっそう盛んに見えます。

関東大震災のときも、銀座や浅草の繁栄はついに戻らなくて、それまでたんぼだった新宿を中心として、東京は全体として西へ移ってきている。神戸もそうなのかなあ、と思ったりします。なぜ西に向かうのかというと、西風のせいで空気のきれいな風上に向かう、ということだそうですが。

ドクターの隙間産業

島田　先生が書かれているものの中にいろいろおもしろいなと思うことがありますが、ドクターは隙間産業だ、自分の仕事は隙間を埋めていくことだと気が付いた、と書かれているのですが、これは感覚的にもよく分かりました。

中井　私はあのときは精神科の部長でもあったのですが、地震になって初めて知ったのは、大学教授というのは何でもできるんだな、ということです。それまでは気が付かなかった。大学教授というのは研究者であるから、災害精神医学の研究というタイトルをつけるとだれを呼んでも何をしてもいいのです。必要なら建築家を呼んでもいい。ただ金を自弁で集め、来る人には危険も自己負担でと言わなければなりませんが……。

兵庫県に精神科の教授は、あのときは私一人しかいません。それが三十数人のスタッフを抱え、二〇〇人くらいがネットワークでつながっている。あのときは一番人間の潤沢な集団だったのです。ところが神戸市の精神保健の担当者で、出勤していたのは一人だけでした。その人のところへ電話したら「いやもう間に合っています」という返事。全国の人からの電話にそう言っていたということです。「それはおかしい」と考えたのは、北九州市の医療監をやっている精神科医で

「精神科医が余っているはずがない。現場に行ってみよう」と見に行った。そうすると、神戸市の担当者は、流れてくるファックスの紙の山に埋もれ、鳴りまくる電話の中でぼうぜんとしていたというのですね。

島田　そういう状態はほかでもありましたね。どこから手をつけるのかも分からず、ぼうぜんとして、助けをも要らないと言ってしまうことが。

中井　その人は私もよく知っていた人なのですが、間に合っていると言ったのは「おれはもう手一杯で対応しきれないからこれ以上仕事を増やしてくれてもどうしようもない」ということだったのですね。だいたい、被災地の自治体に全責任を負わせるというのは間違っているのです。

島田　その場合、救援に来てくれるのなら、寝袋と自分の安全に対する責任を背負って来い、というのがボランティアに対する暗黙のルールであったのですがね。

中井　行政は、それは言えない。言えないように作られちゃっているから。私がやった隙間産業というのは、他の人が権限上縛られてできないこととか、人がためらうことを引き受けましょう、という分野です。

書類が散乱していたり、機械が壊れてしまって使えない部屋を、機械なんか捨ててしまって、ひとつでもきちんと整理して使える部屋を用意する、それが精神安定上大切なことで、そこで初めて建設的な考えが練られるのです。物を捨てるのでも「教授が捨てたんだからしょうがないなあ」ですむ。だれも文句をつけられない。私は隙間産業的な人間だったのですね。裏番組に当たる現代ギリシャ詩研究なんてのも、まさに隙間文学ですからね（笑い）。

島田　私も震災後「アート・エイド・神戸」という運動を手伝うようになって、これも隙間産業だな、と思っているのです。ちょうどここをサポートすればうまくいくのにな、とか、ここが足りないのかな、というときに、会場のあっせんや少しばかりのお金の支援をするのですが、これも隙間産業ですね。

中井　そうですね。あのときも魚が足りなかったら明石に買い出しに行くとか、私は老人ですからね、力仕事はできないけれど、そんなこともありました。

厄災の記憶の時間を半分に縮めていいか

島田　大きな災害を受けて、根こそぎ喪失感、根こそぎ鬱病、それからPTSD（心的外傷後ストレス障害）などはどういうふうにいやされるのか、あるいはいやされないのか、災害にあった人たちの心の状態はどういうふうに変化しているのでしょうか。

中井　これはまず日にち薬です。時間が必要です。PTSDは、半分の時間で治すのがいいのか。言い換えれば、亡くなった人の記憶を半分に縮めていいのかどうか。ただ耐えられるようにする。基本的にはまずいっしょにいるということでしょうね。

いまは、二次的な災害の要素のほうが大きいと思われます。戦争では、宣戦布告と同時に爆弾が頭の上に落ちてくることはまずないが、地震は突然始まって、そのときが最大である。心に準備がないだけに、大きな打撃になる。

私は畑の真ん中で地震にあったことはありますが、これはただ揺れただけ。都市だから大変だったのですが、天災といっても人災の面はあるわけで、地震によって重要な人物を失う、財産を失う、夫婦仲が悪くなる、離婚してしまう、そういうことによる影響が大きくなってくる。PTSDも一過性のものは軽いのですが、二次的な影響がいつまでも続くようなものは非常にこじれる。ただこれは、地震のせいかどうかが、周囲にも本人でさえも分からなくなってしまう。もうそろそろ分からなくなってきているのじゃないでしょうかね。

島田　子どもたちが受けたこころの傷はどうなるのでしょうか。

中井　子どもは、時間の感覚が大人とは違っている。一日の時間が長い。人生での初めての大事件だったけれど、地震からずいぶん経っていると感じているでしょう。でも逆に、十歳の子どもだったら、人生の三分の二、記憶があるころからすると半分近くが地震以降の時間で占められています。分数で考えると大きな部分を占めているわけです。振動に驚いて飛び上がる、というようなことはしだいに治まるでしょうが、エビであたった人が一生エビを食べないことがあるように、そういった恐怖の在り方は続いていくでしょうね。天災に対してだけなら、怒りはあっても、人間に対するような恨みはないわけですが、二次的に、境遇が変わったとか、転校したとか、友達を失ったとか、両親の態度が変わった、離婚したとか、そういうことで一番被害を受けるのは子どもですね。
結局、最終的にはコミュニティ神戸の再建なんです。そういうことで子どもも救われる。家庭もぎすぎすしなくなる。昔、「神戸に転勤してきたサラリーマンは出世を忘れる」といわれました。出世をめざすのをつまらない殺風景な人生と思わせるような「生きるたのしさ」を教えられたのでしょうね。たしかにいまも美しい町なんですよ。美しいというより「感覚が解放される」町というか。私なんかも及ばずながら応援しますが、島田さんのように神戸の申し子のような人に期待しています。

（一九九七年八月二一日）

島田誠（しまだ・まこと）
一九四二年神戸市生まれ。神戸大学経営学部卒業。海文堂書店元社長。七八年に書店経営のかたわら海文堂ギャラリーを開設。九五年二月、文化芸術の力で被災者を支援する「アート・エイド・神戸」を組織。二〇〇〇年からギャラリー島田代表。二〇一一年「アーツエイド東北」の設立に関わる。公益財団法人「神戸文化支援基金」代表理事。九二年神戸市文化奨励賞。九六年メセナ奨励賞受賞。著書に『無愛想な蝙蝠』（風来舎）、『蝙蝠、赤信号をわたる』（神戸新聞出版センター）など。

Ⅲ

【シンポジウム】
生きるということ

×海老坂武

（コーディネーター田村和彦）

（二〇〇〇年一月二〇日　関西学院大学出版会連続シンポジウム第二回）

第一部

田村　経済学部で主にドイツ語を教えています田村です。今日は、お二人の先輩方と一緒にシンポジウムに参加させていただくというので、非常に緊張しているのですが、ひとつには僕も関学出版会の編集委員であり、『アントナン・アルトーと精神分裂病』〔森島章仁著、関西学院大学出版会、一九九九年〕の校正等を行ったいきさつから、今日この任にあたっているわけです。

本日のシンポジウムのテーマが「生きるということ」という、非常に大きな、また漠然としたテーマで、最初この企画を伺ったとき、どういうふうにして進行していけばいいのかとかなり悩みました。ひとつは海老坂先生と中井先生は共に昭和九年のお生まれで、丁度昭和ひと桁世代の最後の年代にあたられるわけです。僕が一九五三年生まれですから二〇年位の差があるのですけれども、それがお二人にとってのひとつの共通項であるともいえます。それから、中井先生も海老坂先生も非常に活発な執筆活動をなさっていて、単に専門の分野の出版にとどまらず、人生論だとか政治論も含めて、むしろ一般読者を対象にした本を幅広くお書きになっています。たとえば中井先生は色々な曲折を経て精神科医になられたといういきさつがあるのですが、精神医学の世界では非常に高名な先生で、またエランベルジェという精神科医の著した『無意識の発見』の翻訳者ということで、僕自身もお名前は存じ上げていました。その一方で毎日出版文化賞を受賞された『家族の深淵』、あるいは『アリアドネからの糸』といった、非常に感性の豊かなエッセイ集を出され、さらに現代ギリシア詩人の訳詞までなさっています。今回、この機会に中井先生の本をまとめて読んだのですが、最初に読みましたのが『西欧精神医学背景史』という、先生がお若い頃の著書です。しかしこの本は爆弾なみの起爆力を持った本で、これを最初に読んだ僕は、正直衝撃を受けました。はじめはエッセイから入っていけばよかったのですが。ともあれ、精神科医としての実践的な臨床家の活動と、エッセイストとしての活動とがどういうふうにつながっていくのか、僕としては非常に興味があります。今日のテーマの「生きるということ」に絡めて僕なりに考えますと、たとえば「からだ」、身体の問題があると思うんですね。やはり医者としての活動のなかでは患者の身体といつもつきあっていくということがあって、臨床家がみる身体観というか、あるいは意識の問題への切り口は非常に興味深いものがあります。というのは、現代というのは身体的な感覚も含めて、生きることの実感が非常に薄くなっているんじゃないかと思うわけです。「生きる」ことというふうに抽象化してしまうとどうかと思うのですが、具体的に言えば「欲望」つまり食欲や性欲、あるいは「リビドー」とまとめられるかもしれません。ともかく、そういった欲望の薄さみたいなものがあって、それが生きる感覚のもろさやあやうさにつながっているのじゃないかと思うんですね。もちろん、生きることの実感というのが非常に鮮明に見えることもあります。たとえば一九九五年一月一七日の阪神・淡路大震災のとき――このときも中井先生は色々な活動をなさっていて、それに関する論集なども出版されていますが、そのようなときには我々にも「生きる」ことの意味というものが迫ってきます。一種の危機的な状況が、通常我々にとって遠いものとなってしまった生の実感を呼び戻すことがあるのですが、それに比べると中井先生、海老坂先生の世代は、戦争の体験というのが非常に大きかったでしょう。まさに「生きる」実感に満ちた時代だと思います。とくに昭和九年といいますと、少年時代は戦争中です。話題になった『少年H』〔妹尾河童の自伝的小説、講談社刊〕はもう少し前の世代らしいですけれど、自己形成を行う少年時代が戦争と戦後の時代に重なっていて、そのなかで精神的に成長していったということが、お二人の「生きる」という感覚を形成するうえで大きかったのではないかと思います。それはたとえば「飢え」だとかいった、食欲とつながったものかもしれませんし、一方では知的な好奇心も「生きる」ことにかかわっていた。これは出版会を作ったときの動機にも通じますけれど、今ではすべてのものが満たされてしまって、知的な好奇心を喚起するのが大学の現場でも非常に難しいという共通認識がわれわれ大学の現場にいるものの中にあります。その意味でお二人に知的な形成の歴史、自伝のようなものについて語っていただければ面白いと思います。一方の海老坂先生はフランス文学をご専門にされていまして、一橋大学から丁度三年前に関西学院に移られたわけですが、サルトル、ボーヴォワール、ジュネ、そしてフランツ・ファノンの紹介者として非常に有名であります。そういった文学研究の一方『雑種文化のアイデンティティ』ですとか、『戦後思想の模索』、あるいはご自身の独身生活について『シングル・ライフ』という本も書かれています。それから現代フランス事情といったことについても活発な発言もなさっています。最近では、『記憶よ、語れ!』という本の中で、今僕が話しましたような、終戦から高校時代までの自己形成や、時代の変容についての自伝的回想をつづっておられます。そこでもいくつか中井先生との接点が見えるのですが、この本も僕は戦後を体験した世代がどのようにして知的な形成を行っていったのかを非常に興味を持って読ませていただきました。海老坂先生はまた、六〇年安保の時代、政治活動にも活発に参加されたようですが、そんなことも含んで、非常に漠然としたテーマではありますけれども、「生きるということ」をめぐって、まず最初に中井先生の方からご発言いただきたいと思います。

中井　「生きるということ」という、このシンポジウムのタイトルを聞いて、私は目が眩む思いをしました。まさに、『蘭学事始』にある「艪舵《ろだ》なき船をもって大海に乗り出す」ようなものに思われたわけです。そこで海老坂さんと少し手紙のやり取りをしまして、とにかくお互いの生きてきた道のようなものを語ろうじゃないか。そうすれば何かヒントになるものがあるだろうということになり少し気分が楽になりました。

私は一九三四年の一月に生まれて現在六六歳。人生の大部分は冷戦の時期と一致します。一九九〇年からは冷戦後の世界になるわけですけれども、ひとまず、この冷戦の終り位までのことを話させていただこうかと思います。

私が人生においてショックを受けた事件というものがいくつかございます。

最初にありありと覚えていますのは、日中戦争が始まった一九三七年の七月七日のことです。今でも眼に浮かぶのですけど、新伊丹住宅地の自宅のトイレで、北方の宝塚の山並を眺めていたときに、突然、人間はいつかは死ぬべきものであるという考えがひらめきました。戦争が始まった日のことです。大量の死者が出るだろうということを、三歳数カ月の私が直覚したということでもあります。フランスやドイツの制度を模した古い制度に、一年志願兵という、国債を二〇〇円買うと兵役を一年に短縮して、しかも少尉にしてくれる制度が昭和一一年までありました。私の父は市民ですが、陸軍予備主計少尉の肩書きがありましたから、父が兵隊に取られる可能性がありました。一家の生活がすべてかわってしまうだろう、という現実的な計算もあったでしょうが、「人間は死すべき存在である」。これが死を思った最初の記憶です。それから、記憶の中に登場するのは私の祖父です。この祖父は、早く日本陸軍を辞めて、一時中国に亡命していました。そして、ほとぼりがさめてから帰国し、その後は職業に就くことのなかったという人でした。祖父が軍隊を辞めた理由というのは長らく不明でしたが、父が亡くなる前に少し漏らしたことなどから、どうやら朝鮮の統治の仕方に反対して上司の伊藤という少将に上申書を提出して辞職したということがわかりました。祖父が当時居た中国との国境の新義州という場所から考えますと、おそらく朝鮮のキリスト教徒に対する弾圧に対して憤りをとなえたのではないかと思われます。当時、朝鮮のキリスト教徒が寺内総督の乗った列車の爆破を企んだということがされていました（百一人事件）が、これは全くのフレーム・アップで、日本の大審院が無罪判決を出しているのですけれども、そのようなキリスト教徒に対する弾圧がありました。むろん祖父のそのような意見が取り上げられるわけはないわけです。しかし、人間は黙視すれば生涯おのれの卑屈さに自らを苛むだろうという正念場がありますね。

川喜多長政という、中国と日本との一種の架け橋的な存在であった映画人がいたのですが、この人の父親（川喜多大治郎）が祖父の親友でして、一九一〇年に北京で中国陸軍の再建に携わっているうちに、日本の憲兵に拉致されて行方不明となり、まず間違いなく射殺されたといわれています。日露戦争の戦訓をおしみなく漏らしたというのですね。中国政府の日本不信はここから始まったといわれます。一方息子の長政にはベルリン大学卒までの学費を出し、その後も陰に陽に護っていたといいます。これが祖父にかなりの衝撃を与えたらしく、祖父はそのあと長いあいだ日本には戻らずに、青島で一〇年近く過ごしております。帰ってきてからは陸軍少佐の恩給で、貧しい暮らしをしていたわけですけれど。この祖父のところに友人というか、何かのつながりでいろいろな軍人たちが話をしに来ました。私は当時四、五歳ですから、子どもは聞いてもわからないだろうと思って大人はおおっぴらに話をするのですが、実は子どもは聞いているのです。そこでたとえば日本海軍の駆逐艦の艦長が訪ねてきて、今度の戦争では、中国人の死体が揚子江に流れている、ということを言います。あるいは別の軍人が、今度の戦争の日本軍は皇軍ではありませんよ、中国の女性を強姦して井戸に投げ込んでいますよ、といったことを嘆いて話していました。これは祖父ならばこのようなことを話しても他人に漏らしたりはしないだろうという信用があってのことだと思います。そういった話を側で聞いているものですから、周りの軍国的な世の中の風潮と、私の考えがまったく一致しなくなってきたわけです。

祖父はまた、李瞬臣（イ・スンシン＝豊臣秀吉の海軍を撃ち破った朝鮮の提督）や、安重根（アン・ジュングン＝伊藤博文を暗殺した、朝鮮の独立運動家）といった名前を敬意を以て私に教えました。丁度その頃、朝鮮から日本へ多くの人が移住してきて、家の前などでもたくさん歩いておられたのですが、祖父は私に、「朝鮮は文化も歴史あり、愛国心もある国であるから、お前はそういうことを知っておかなければいけない」ということを言いました。一方、朝鮮の文化財は何一つ持ってきていない。祖父の名を為書き（ためがき）した書はたくさんありましたけれども。

私が父方祖母の系図を遡ると八代前で伊藤博文の祖先と合体するのを考えあわせると皮肉なことです。

太平洋戦争が始まった時、私は、これはまずいことが始まったのではないかということをクラスメイトに漏らした記憶があります。私の家には内外の軍事書がありまして例えば、日本の軍艦の数とアメリカのそれとを比べてみて、また生産力の差もわかっていますから、軍事的にみて決して薔薇色ではないぞ、ということを言って、みんなに変な顔をされたのを覚えています。この戦争は日本の破滅につながるのでは、と思い大変なときに生まれたと思っていました。その間、父は最前線のソロモン群島にまで行っていたのですが、帰ってきました。これは大変な幸運です。父はマラリアにかかり、上官が自分は職業軍人だけれどもおまえは元来市民だからと帰還命令を出して、いま出る駆逐艦に乗れというのです。そういう本職の軍人もいたということですね。動き出した駆逐艦がたらしているネットをよじのぼって何とか帰って来たということでした。帰国した父に、我々が防空壕を見せたところ、父は笑い出しまして、ラバウル・ブーゲンビルにおける空襲の実態を話し、こんなものでは何の役にもたたない、むしろ麦畑に逃げてかくれている方がいいぞと言いました。

不思議に思ったのは、祖父が、もう敗戦が決定的になった昭和二〇年七月一八日、うちのすぐ近所に爆弾を落としながら低空を飛び回っている敵の艦載機に向かって、「敗けないぞ！」と怒鳴ったことでした。合理主義を突き抜けた向こう側の原初的な叫びです。その時から、かねて栄養不良だったので祖父は食を断ち、敗戦を見ることなく五日後に亡くなりました。

敗戦の日、学校へいってみますと、前日まで「神州不滅」と書かれていたものが消されていました。それを見て、ははあ、大人は思っていたとおりだなと思いました。その後、だんだんと飢えてきますと、家族の間でも食べ物を奪い合うといった状況を目にして、非常にがっかりしました。他の人たちもそういった思いを持っただろうと思います。食糧難は戦後の方がひどかったです。

私は、学区の関係で田舎の小学校に行ったので、いじめの屈辱というものを、かなり味わいました。その後、当時の七年制高校の中学にあたります甲南高校尋常科に入ったのですが、そこを受験した動機というのは、運試しに受けてみるということもありましたが、その学校の横書きの表札からして、これは戦争中の厳めしい小学校の雰囲気とはずいぶんちがうと思い、それでそこに入ることに決めてしまったのです。実際この高等学校では、戦時中にいやほど味わった、いじめによる屈辱感もなく、友人も多く、また自由に図書館も利用でき、本を読むこともできました。ですから、これがいつまでも続いてほしいという気持ちで、高等学校を終えて大学に入ったときに国際私法はおもしろいところがあると思っていたのですが、何だか流刑に処されたような気がしたものです。

法学部に入ったのは、当時インフレが激しくて六年間医学部で勉強するだけのお金が続かないだろうと思ったからです。

大学に入ってすぐ、私は二つの体験をしました。一つは、ある有名な海上火災保険の会社へ、そこで働いている先輩が見学に来なさいと言って案内してくれたのです。一種の「青田刈り」ですね。その事務所を見たとき、何だか自分の一生をそこに見たような気がして、サラリーマンになる気持ちがたちまち吹き飛んでしまいました。あそこの机から別の机まで行くのに何年かかるか、そうやって一生を送ることを考えただけで、もう一生を生きてしまったのと同じことだ、もういいやと思ってしまったのです。古い煉瓦づくりの建物で、薄暗くチャールズ・ラム［イギリスの作家・エッセイスト］の働いていたところとそっくりだなと思いました。

もっとも、法学部をやめるきにさせたもう一つの理由は、瀧川事件の余燃があって、生気がなく、一々東大の学説を引き合いに出して、これは間違っていて「しかるにわが京大は……」という先生がいて、こりゃ東大コンプレックスの固まりじゃないかと思ったことです。

それからもう一つの体験は、私が安保のデモも含めてデモに参加しなかった理由と関連しているのですが、大阪の扇町公園に友人がいまして、そこで労働者のデモがあるからということで見に行きました。ちょうど警官が周囲を取り囲んで、デモ隊が完全に包囲された状態になっていました。ところが包囲網の中で気勢を上げながら警官隊に襲いかかる、その先頭に立っていたのは在日朝鮮人の方たちでした。警官隊は専ら在日の人たちばかりを殴打します。日本のデモ隊の人たちは蜘蛛の子を散らすように逃げていくわけですが、警官はそれを追おうとしません。すべてが終わったあと、そこには一人の朝鮮人の少年が路上に転がっていました。朝鮮の人を戦いの先頭に立てたデモ隊を見て、私は、これでは左翼のみなさんも戦争中の日本と変わらないじゃないかと、思いました。デモというもの、そしてそのデモに参加している人たちに対して不信感を持ってしまった私は、今後一切彼らとは共に行動しないと決意したわけです。

そうしているうちに私は結核にかかってしまいました。当時は就職難でしたから、結核の人を採用してくれるところはありません。それならば、アルバイトをしながらでもいいから、勉強して医者になろうと思いました。医学部に行こうと思った理由としては、おそらく医者になった方が、会社で働くよりも精神の自由が守れるのではないかと考えたからです。しかし復学してみると、昭和二八年ですから左翼の活動家たちがいっぱいいて、私に入党勧誘をしきりに行いました。ずいぶんと議論したのですが結局私は説得されませんでした。当時まだ軍事路線を採っていた彼らを、私は大学の分校の裏山に連れていき、どのようにしてゲリラ戦をするのかといったことを聞きただすわけです。私は家にあった軍事書を読みこなしてきたから、これは赤子のようなものです。しかし、人間は会っていると相互作用が起こり、彼らと一種の友情のようなものが生まれました。そのころ私はまだ正式に医学部に入っていなかったのですが、彼らにとって一種のカウンセラーのような存在になって「今だから話そう」式のうち明け話を聞いていますが、私はむろん漏らさずにいます。それで、何人か人材を保全できたと思います。武装路線を捨てた六全協（一九五五年）〔日本共産党第六回全国協議会〕以後は、私が認めれば党の仕事を免除してもいいというような信用ができました。

医学部に入りますと、実家からの仕送りどころか、逆にこちらからお金を送らなければならない状態になったので診断と計測をきちんとしておればベテランとも対抗できる眼科の助手をするようになりました。そうこうするうちに病院の組合長になったりもしました。この時は労働法の知識が役に立って、年取った弁護士の先手先手を打って協約を結んでやめました。

当時の医学部では、日本語のいい教科書が揃っていなくて外国語の教科書で勉強するという状態で、また答案を外国語で書くことも許されていました。私は何でも面白いところを見つける人間ですが、医学は特に面白かったです。実習なんかやっていると、不眠症も治りました。下宿の隣室の理論物理の学生からは、そんな（数式のない）字ばかりの本で学問といえるのかよとしょっちゅう冷やかされましたが。

当時の京都大学医学部は定年間際の教授が多くて講義が面白くないので、大阪大学の友人の教科書を借りて読んだりもしていました。

インターンは別の大学でしたのですが、しているうちに、金持ちの患者とそうでない患者に対して教授をはじめとする医者たちが差別するのを非常に感じるようになりました。私は屈辱に対して非常に敏感だと自分でも思うのですが、金持ちにはへいこらして庶民には威丈高になるしとにかく臨床医学が嫌になりました。医者になるのをやめようと思ったわけです。それに、いちど科学というものを体験しておかないと、将来それが気になってしようがないということになるだろうと思いまして、医学関係でない研究所に六年間いることになったのです。当時はちょうど日本でも分子生物学の勃興期で、ワトソン＝クリック理論のワトソンなんかも日本に来ました。そのころの日本ですと、そういう人が来ると芸者でもてなすわけですが、若い学者は別に芸者が好きでないので、駆け出しの私のような学者を相手に知的な会話をしてくれました。私が外国語で喋ったのは、これが初めてだったように思います。

友人との共同研究で遺伝暗号の普遍性についての論文（少なくともヒトとカイコの暗号の一部は同じである）をアメリカの雑誌に寄稿したのですが、向こうとのやりとりで、ほんの少しの英語を修正したりしてそれが太平洋を何回か横断しているうちに三年経ちまして、それが出版されたころにはもう、その研究は大きく価値を失っており、私もそのときには精神科医になっていました。アメリカの第一級の研究は決して歓迎しませんね。今度は寄稿先をチェコに切り替えてみると、こちらは非常に温かく迎えてくれて、その後の研究も連載するよう招待するといってくれました。また、チェコに来ないかとの誘いも受けました。そのときその誘いに応じていたならば、けっこう血の気のある私は例の動乱［一九六八年のソ連のプラハ侵攻］でソ連軍に射殺されて、「日本人研究者一名行方不明」ということになっていたかもしれません。

私は京都大学のある研究所にいたのですが、そこでは教授が私の研究上のリーダーを殴るわけです。これでは私は仕事ができません。私は困り果てまして、ある夜、以前私が所属していた大学のクラブに全員を集めまして、このままでは仕事ができない。あなたたちはどう考えているのかとぶちましたところ、そうだそうだとの声があがりました。しかし、あのお弟子さんたちは、教授に対して途中で屈服してしまうから頼りないんだというわけです。僕は屈服しない、と私が言いますと、君は屈服しないかもしれないな、ということで研究委員会ができ、幾分か民主主義的になったわけです。ところがそこで非常に失望したのは、確かに教授から研究員まで、それぞれ一票を持ち所長を選出するといった制度が成立したとたんに、まだちゃんとした研究者になっていない人たちが委員長や議員になって、学内政治に興味を持ちだしたのです。成功した革命がもたらす不幸というものをまざまざと感じた私は、これはもう逃げだそうと思いまして、東京大学の伝染病研究所に行きました。ところがここの先生はどうも左の方のかたで、たしかフッサールを読んでいたことと、匿名で医学部批判の本を書いていたことで自己批判を迫るわけです。私は、政党に所属していないのだから、別に自己批判を強いられる謂れはないと頑張りましたところ、それじゃあ破門だということで、破門されてしまい、そこで精神病院に勤めることになりました。

私は、家庭教師としては実績をもっていました。若い頃の私には人を元気にさせるという能力があったようで、元気を与える家庭教師という役割を高校時代からこなしてきました。ですから、精神科医はある意味で向いていたのでしょう。

私が周囲からの勧誘にかかわらず、精神科の紛争に参加しなかったのは、患者を先頭にたてるような精神科紛争には賛成できなかったからです。それは、朝鮮の人を先頭にたてて、日本の労働組合がデモを行っていたのと同じことだと思えました。そこで私は何をしたかといいますと、そういった紛争の先頭にたたされた患者を、その翌日に診るということをしました。つまり自ら「戦わざる翌日の医者」と称して紛争の翌日に患者を診たわけです。患者は、たしかに差別はされたくないけれども、それとともに治りたいという気持ちをもっています。ですから治療を中心に据えた精神医学にしたいと、私は思っていました。

田村　どうもありがとうございました。ではつづいて海老坂さん、お願いします。

海老坂　今日のシンポジウムのタイトルが「生きるということ」に決まったときから、生きるということが楽しくなくなってしまいました（笑）。終わればまた楽しくなると思いますが。

僕は大学生活のかなり最初の頃にサルトルの『嘔吐』を読んだのですが、そのなかで主人公が町の美術館に行って、そこに展示された町の名士達の肖像を観る場面があります。町の名士の肖像といったものは、彼らに対して媚びへつらう画家たちの手によって、堂々とした人物として描かれているわけです。いずれも、自分達は偉業をなし得てきており、己こそ生きるに値する者であるといった顔をしています。それに対して、その絵を観ているロカンタンという主人公は、彼らのことを「ろくでなし」と呼びます。ロカンタンは、自分には生きる意味がないのではないか、たまたまこの世にうまれてきただけの、偶然の存在なのではないか、ということを考えている。彼の目から見れば、こうした疑問をもたないお偉方たちは皆「ろくでなし」に映るのです。「ろくでなしよ、さようなら」そういって彼は美術館を立ち去る、そういう場面がありました。

これが二〇歳の僕には非常に効いたのですね。二〇歳の青年には傲慢なところがあります。周囲のあらゆる権威、大人たちを馬鹿にしたいという気持ちを、少なくとも僕はもっていました。あいつらは一体何なんだと思いたい。ところが、自分自身は経験もなくて、いってみれば全くのゼロです。それでありながら、一方で権威を否定したい。そんなときに、この「ろくでなし」という言葉が手に入りました。この言葉を使えば、すべての大人を否定できる。なんだ偉そうに、経験を振りかざしてものを言っているけれども、単なるろくでなしじゃないか、という具合に。この言葉が絶対的な武器のように思われたのですね。

ところが、だんだんと自分も知識や経験をもってくるようになり、ある程度の権威も付いてきます。二〇歳の頃には、鬼に金棒ならぬ青二才に金棒のように、その「ろくでなし」という言葉を振り回していたのですが、今度は、その自分が年をとり、知識や経験に基づいて、人前で偉そうなことを話さなければいけない羽目になってくる。そんなとき自分の中から、自分に向かって「なんだ、ろくでなし!」という声が聞こえてくる。そうなると、自分の経験を話すという行為が、非常に恥ずかしいものに思えてきてしまいます。ですから、今日は、この金棒をいったん横に置いたうえで、ひょっとするとずいぶんと偉そうなことを言ってしまうかもしれませんが、まずそういったことを先に言ってしまったうえでお話したいと思います。

中井先生をお迎えするにあたって、最初に思ったのは、中井先生と僕とは同じ一九三四年生まれだから、世代的に共通の立場に立ってお話できるだろうということでした。ところが、ご著書をよく読んでみますと、中井さんは早生まれ(一月生まれ)だということが分かりました。つまり、一年違うのです。この一年の開きというのは非常に大きいのですね。単に小学校一年生の国語の教科書が「サイタ、サイタ、サクラガ、サイタ」から「アカイ、アカイ、アサヒ、アサヒ」に変わったというだけではありません。中学にあがるとき、中井さんの年代の人は旧制中学の一年生に入るのですが、一年遅れて僕たちの世代は新制中学に入ることになります。旧制中学というのは、あの時代一種のエリートたちの場なのです。たとえば田舎の小学校だと、ひとクラスに一人か二人しか旧制中学に進学しない。ところが、僕らの場合ですと、中学校が義務教育になって全員が新制中学に行くことになりました。ですから、教養の枠組みが全く違います。高校に行って実感したことですが、一年上の人たちはどうしてこんなに色々なことを知っているのだろうとつくづく思いました。

それだけではなくて、中井さんのご著書を拝見してみますと、物凄く早熟だったということが分かります。小学校のときに読まれた本を列挙されているわけですが、その中で僕と共通していたのは『のらくろ』だけでした（笑）。その他にもうひとつ共通点があったのは、中井さんは童話を読まれなかったということです。僕も童話を全く読まずに大人になりました。その当時僕が読んでいたものといえば、『少年講談』や「大陸もの」、つまり日本人が中国大陸に行って、色々な冒険をするという物語の類いです。その同じ年齢で中井さんは、すでに天体や地球や科学についての本を読んでおられる。これには驚かされます。それに先ほどのお話でも、日中戦争の始まった七月七日のことを覚えておられるということですから、これも驚異です。年齢でいうと、まだ四歳になっていない時期ですから。僕は、もちろん日中戦争のことは覚えていないし、それどころか太平洋戦争が始まった一二月の八日——中井さんはその日の曇り空を記憶しておられますが、——僕は全く覚えていないんです。ですから何から何まで驚異の固まりのような方だと思いながら、今日この場に臨ませていただいているわけです。

僕の場合には、終戦の体験はそれほど強烈なものではありませんでした。戦争中、僕は手も無く軍国少年に仕立て上げられていて、将来は海軍兵学校に行こうと考えていました。こういった戦争時代の痕跡というのは今でもいくつか残っています。たとえば、僕は戦争中よく軍歌を歌っていて、その後自分から歌うということは決してないのですけど、ふとしたことで昔の軍歌が頭の中に蘇ってきてしまうということがあります。「雲の果て」という言葉に出会うと、それが連想させるものは「隼は往く　雲の果て」という軍歌のフレーズであり、「男所帯」といえば「男所帯は　気ままなものよ」となってしまう。あらゆるところでぶつかる言葉が、軍歌に通じていくという嫌なことがあります。一種の文化的疎外と言っていいのでしょうけれど。

それから、疎開の経験があります。僕は東京生まれの東京育ちなのですが、戦争中に富山県の高岡というところに縁故疎開をしました。そこで、やはりいじめに遭いました。東京から来たので「イドッコ、イドッコ」といっていじめられる。お昼の弁当に、お米だけのお弁当を持っていくと、今度は「闇米や」といっていじめられます。周囲は皆、農村の子どもたちですから、そのときにこれは君たちのお父ちゃんお母ちゃんから買ったのや、と言えばいいわけですが、子どもですからそんな反論もできずに、いそいでお弁当の蓋をしめてしまう。それで次からは、さつまいものたくさん入った弁当を母親がつくってくれたという思い出もあります。ただ、田舎の世界というのは村ごとに分割された世界ですので、その村の秩序に一旦入ってしまうと、今度はその村の少年たちが、他の村の子どもたちから僕を守ってくれるということにもなりました。そうなると、もういじめはなくなるのですが、今度はその村秩序の中で、上級生の顔色をうかがわなければならない。そうやって二年間ほど、そこで過ごしました。

戦争が終わってすぐに東京に帰ってきてみると、それまで軍事会社の下請けをしていた父親は敗戦とともにすべてを失っていて、そこで新橋の闇市へ行ってモノを売るという生活になりました。東京に帰ったとき、僕は小学校五年生でしたが、秋の授業がない。そこで父親について毎日々々闇市に行き、モノを売りました。最初のうちは家の中にあった、象牙細工だとか色々な物を持ち出して売っていたわけですが、そのうち右から左へと商品を仕入れて売るようになりました。そうやって毎日、新橋の廃墟で三カ月位過ごしました。この闇市は、今でも非常に懐かしく感じることがあります。色々な人間が集まっていて、隣の人の顔は知っているのですが、どこの誰だかは判らない、匿名の世界です。それでいてお互い顔見知りで陣取る場所も決まっているのです。それに、モノがどんどん、飛ぶように売れていきます。闇市の原理といったものがあると思うのですが、まず隣の人間が誰であってもかまわない、しかし顔が見える関係である。そして、そこには大人も子供もなく、ただ「売る人間」と「買う人間」しかいないのですね。

それから、進駐軍がやってきて、最初に覚えて口にした英語が「ギブ・ミー・チョコレート。ギブ・ミー・チュウインガム」。そうやってアメリカの兵隊に声をかけて、何度かに一回はチョコレートやチューインガムを貰ったりしました。再び小学校に戻るまで、そんな生活が三カ月程続きました。

一九四七年、五月三日に新憲法が施行されて、全国一斉に新制中学が始まります。僕は東京の大森六中という所に入ったのですが、我々はその第一期生ですから、その意味では完全に新憲法世代です。朝礼では校長先生が「新憲法の精神は何ですか?」と聞いて、次々に生徒に答えさせます。「主権在民」「戦争放棄」「男女同権」(本当は「基本的人権」なのですが、なぜかこう覚えてぃます)といった答えを、とにかく鸚鵡の様に答えると校長先生は満足します。ですから、戦争中とは逆に、今度は「新憲法」というものが、言葉としてたたき込まれるようになった。

ところが、この新制中学は出来たばかりで、校舎がないだけでなく先生もみんな寄せ集めでした。たとえば、本職の英語の先生がいない。それでどうするかというと、昔英語を習ったことがあるという体育の先生が教えていました。日本の歴史・地理は教えてはいけないことになっていましたので教えない。また、国語も、将来漢字がなくなるかも知れないので勉強する必要がない。つまり、教育という点からいえば、全くの混沌、デタラメの状態でした。社会科という項目が新しく出来ても、誰も教えたことがなく、何をすればいいのか判らないので、しかたなく郷土の歴史を調べてきなさいといわれて、色々と調べたこともあります。

しかし、一方では、先生たちはみんな若く、ほとんどが旧制高校を出て大学に入る前の二二、三歳くらいの人たちが先生になっていましたので、授業が終わると、生徒たちと夕方まで一緒に遊んでいることもよくありましたし、生徒の方も職員室で先生を囲んでぶらぶらしているということもありました。そういう意味では、混沌としていながらも非常に気楽な学校だったといえます。

それが、三年生になると、高校受験に備えなければいけないということで、いきなりとんでもないことをやりました。つまり、二年生の終わりに試験を行って、その結果に基づいて成績のいい子から順番にクラスをつくっちゃった。一番から五〇番まではこのクラス、次の五一番から一〇〇番まではこのクラスというふうに、八クラスのうち六クラスまでを成績順で編成してしまいました。あとの二クラスは高校に行かない人たち、つまり職業クラスです。このとき、始めて貧富の差というものが顕われた気がしました。それまでは、みんな一様にろくな服装はしていなくて、誰も彼も擦り切れた服を着て登校していたので、そういった格差は目に付かなかったのですが、ここで始めて、高校に行くことのできない子どもたちがいるのだということを形の上で知らされて、現実をつきつけられた感じをもちました。

この成績順でのクラス編成は今でも傷跡として残っていまして、学年会をしても、絶対にクラス別には写真を撮らないのですね。

こういった中学時代でしたが、今思うとあの頃の中学は、社会と非常に近かったという気がします。あの時代は三鷹事件や松川事件といった戦後史の様々な出来ごとがあり、また二・一ストという、学校の先生もストをするかしないか非常に迷った、そんな出来ごともありました。また、今でも思い出しますが、ある日の午後にラジオのニュースが学校の廊下に流れてくる。それは、極東軍事裁判の判決で、その生放送を学校で流している。もちろん東條とか広田とかいう名前は戦争中にみんなよく聞いて知っていて、それを子どもたちが聞いているわけです。当時は大人の世界と子どもの世界とが非常に近かったのですね。

その頃、僕たちが夢中になっていたのが『青い山脈』といって、石坂洋次郎の新聞小説です。これをみんなが読んでいました。今だと中学生が新聞小説を読むことはあまりないのじゃないかと思いますが、当時はみんなが新聞小説を読んでいて、朝登校するとその話をお互いにする。御存じの方もいらっしゃると思いますが、この小説では島崎先生という学校の先生が田舎の中学校に赴任して、そこで様々な理不尽なことと闘うという、そんな小説です。僕たちはこの島崎先生のファンで、先生がんばれといって応援していたわけです。そうして、必ず正義は勝つんだ、民主主義は勝つんだというオプティミズムのようなものを、あの小説から与えられていました。ですから、あの小説は、あるいはその時代の象徴だったのかも知れません。

それから、東京の小山台高校に進みました。僕は新制中学の第一期でしたから三年間最上級生だったのですが、そのあと高校に行きますと当然下級生になります。そうすると一つ上の学年には、中井先生のように非常に物知りの先輩がいて、しかも、我々の目からするとすごく大人なのですね。どういうことかというと、例えば共産党の細胞がすでに高校の中にある。それに、メーデー事件というのが起こって、僕の通っていた高校の生徒がそれに参加して逮捕されたということもありました。そういうふうに、上の世代と出会うことによって、それまでとは全く違う枠組みのなかに入っていったことを実感しました。

僕はその後、文学を選んだのですが、最初のきっかけは、『異邦人』という本を読んだことです。当時、廣津和郎と中村光夫の間で、このカミュの小説をめぐっての有名な「異邦人論争」というのがありました。この小説の価値がさっぱりわからないという廣津和郎に向かって中村光夫がこんこんと説明して、最後に中村さんは「歳は取りたくないものです」といって文章を終える。このことに触発されて読んだ『異邦人』が、僕はすっかり好きになってしまいました。それ以後、当時出版されていたカミュの作品を読んでいきまして、その結果、自分はフランス文学をやろうというふうに決めてしまったんです。ただ、そこに至るまでに何か背景があったと思います。それは何かということを考えてみると、戦後の空間というのは、言葉としては民主主義の世界、新憲法の世界なのですが、一方で自分の家庭といえば、これは全く封建的な戦前の世界です。私の父親は戦前戦中は普通のサラリーマンで、戦後になって闇市をやり始め、そのあと自分の思い付くままに事業を起こしてはことごとく失敗するといった、いわば自分のロマンチシズムだけで生きていたような人です。その後始末を全部母親がする。ある時期から母は自分で店を開いて家族の経済を支えるようになるという、そういう家庭でした。この父親は外では人当たりが良くて好かれていたのですが、家へ帰ると内弁慶で威張っていました。家は六人兄弟で、僕は三番目。こういう戦前的な家族関係ですと、六人のなかでも長男が一番偉いのですね。他の兄弟はお互い名前で呼び合うのですが、長兄だけは名前を呼ばないで「お兄ちゃん」なんですね。つまり、絶対的な「兄」というわけです。彼が父に次いで権威を持っていまして、全員が食卓に着いた時でも長兄が火鉢に一番近いところに座り、その隣に次男、三男、と順番に座っていきます。母親は台所にいちばん近いところに座ります。そんな封建秩序が、僕は嫌でしようがなかった。長男と次男はしょっちゅう喧嘩していましたが、兄弟の序列でいうとどうでもいい三男の僕はそれを冷ややかに見ていた。だんだん兄弟と口もきかなくなり、学校が終わると夕方まで外で遊んでいて、食事が終わるとさっさと自分の世界にこもってしまうという生活を続けていた。それが、おそらく後になって文学に惹かれていく背景となっていたのではないかと思います。

そのあと僕は一年浪人して東大に入りましたが、そのときの先生（フランス語文法の朝倉季雄氏）から、「黙って学校からいなくならないで下さい」と言われました。最初何のことだかわからなかったのですが、実は当時、まだ共産党が軍事路線を採っていて、学内でオルグされた学生が山の中に入って軍事訓練をするといったことがあったという、そんな時代でした。ところが、その次の年からは、今度はいきなり「歌声路線」に変わる。いわゆる六全協の時代、いつもみんなでロシア民謡を歌うという、そういう時代が来ました。ですから、一年の違いというのはこの頃非常に大きくて、中井先生の年代と、僕らの年代とでは、たった一年でずいぶんと変わってしまうという、そういう時代だった。

中井さんの場合には色々な曲折があったようですが、僕は単純にフランス文学がやりたい、そして今度はサルトルをやりたいと思ってそのまま大学院に行って、今に至ったという、まあ、そんなコースです。

田村　ありがとうございました。お二人のお話を伺いまして、戦後本当に五〇年が経ってしまったんだなという気がします。歌声路線とか六全協だとかについては昔本で読んで聞きかじってはいましたが、直接に伺うと、なる程そういう一つの節目として、お二人の知的な自己形成の中で位置付けられているということがわかりました。ただしかし、これまでのお話ですと、お二人の生きてこられた五〇年の歴史の振り返りと、冒頭に挙げました「現代における、生きることについての欲望の薄さ」という問題とが、まだつながって来ないような気がするんですね。それを考える上でのひとつのきっかけとして、話題を提起しますと、僕が中井先生のエッセイを読んでいて非常に面白いと思ったのは、先生は非常に鋭い肉体感覚、柔軟な皮膚感覚を持っておられるということです。ひとつにはそれは医者として患者とつき合う上で、とくに精神科の患者さん相手の場合ですと、相手の感覚の中に取り込まれないように、肉体的、精神的に距離を取りながら擦り合わせていくという作業と関連していると思うわけです。それが、文体や発想の中にも——どちらが先かということは判らないのですが——表れていると思います。それともうひとつ、生きるということにかかわると、人間の基本的な欲望としての「食べる」ことに関するエピソードがあります。中井さんがお書きになったあるエッセイの中に、先生の世代の人々の間には一種共通した特別な才能があって、それはたとえばパーティーに出席した時など、そこに何人分の食べ物が用意されていて、一人当りどれくらいの量が割り当てられるかということを、すぐに見て取れるんですね。僕くらいの世代になってくると、「飢え」の経験がなくて、いつでも与えられる食べ物があって、むしろ余っていく時代なわけです。近ごろ学生とコンパをやりますと、みんな結構食べ物を残したりします。僕くらいの世代ですと、食べ物を残すことにはまだかなり抵抗感があるわけですが、もっと若い方になると、これは単に商品であって、流通していくなかで余るものがあっても仕様がないのだと割り切っています。まあ、卑近な例として食べ物について挙げたわけですが、お二人の、とくに自己形成期において、「生きる」という意味についての基礎付けがどの辺で行われていったのかということ、それを一番伺ってみたいと思います。

中井 私の今までの生涯をまとめてみますと、誰にも話したことがないこと、妻も知らないようなことについてもお話しないといけなくなると思います。早熟であったことについては、これは認めざるをえないと思います。また、当時はエリートの高校に行きました。ところが、実は私は中学校には進めないのではないかと密かに思っていました。と、いいますのは、私の上の学年ですと、体育だけしか入試をしないなどと新聞に書かれ、一方私は逆上がりもできません。運動は全然駄目だったのです。跳び箱も跳べませんでした。それに音痴であります。ですから、中学校には入れないだろうから、今のうちに世界を知っておこうという気持ちが強かったわけです。私は生まれ変わりは信じませんでしたから、今、生きているということが自分の宇宙であり、人生の軌跡のすべてであろうから、生きているうちに宇宙のことを知りたいと思いました。それから、もうひとつは、そのように私の価値観は孤立したものでしたから、アンドロメダ星雲などの銀河外星雲を含めた宇宙から見れば天皇が神であるはずはないだろうと密かに思っていて、この考えかたは周りの軍国的なムードから自分を支える上で非常に役に立ちました。あるいは当時で五〇億年という地質年代についても考えましたし、いくら戦争が長く続き、軍部が百年戦争と呼号しても地質学的年代から見ると矮小化され得るものでした。「蝸牛角上何をか争う」とつぶやきながら歩いていたことを思い出します。軍人になる能力はないから、偽善的に造船家になるのだということでごまかしてきました。この偽善は自分でも嫌なものでした。屈辱感というものを私は小学校時代に味わいました。小学校に入るまでに六年生の教科書を読むことができたのですけれど、それによって一年生の私が六年生から宿題をかわりにやらされたわけです。これは非常に屈辱的でして、ルネサンスの知識人もこのようであったのかと思ったほどでした（笑）。私が文学をあえて目指さなかったのは、溯れば小学校時代に屈辱に負けて宿題をした、この経験があったからでしょうか、もしも一生筆で飯を食うことがあれば、必ずどこかで妥協するか、飢え死にしてしまうだろうと思ったからです。それが私には耐え難いから文学部には行かないと決めたわけです。医者ならばどこかの離島に行くことだってできる。そのように、小学校から始まって、高等学校を卒業するまでに今の私の考えというものはできあがってしまっていたと思います。

戦後は、私はずっと時代の裏方をつとめてきたのではないかと思います。山村工作隊へ行かされそうになった人に、あなたは結核だと私が診断したと言いなさいといってみたり、学園紛争でボロボロになった人たちの話を聞くとか、そんな裏方をずっとやってきました。

甲南高校（七年制高等学校）は当時、復員してきたり徴用から帰ってきた先生で占められていました。彼らの教養というのはもっぱら一九二〇年代の、大戦間前期のものだったのです。ヴァレリーやリルケ、もっと古くなるとエドワード朝あたりです。ですから私の教養はその辺に作られてしまって、サルトルの『水いらず』が出たときに読んで、何だか変わった文学がでてきたなと、また下品だなと思ってしまいました。自分が、古い、化石みたいな人間だということを改めて思わざるを得ませんでした。一九九〇年以後は、新しい生き方をすることになりますが、あの地震（阪神・淡路大震災）は、戦争をもう一度経験したようなもので、そういう意味では戦争を経験していたのは確かに役に立ったと思います。最近隣の家の奥さんが、妻に私のことを「森鷗外みたいな人」だと話されたそうですが、鷗外はいくら何でも古すぎる、またあれほどの漢学の教養までは私にはないのですが、私が体験した戦争の前の戦争といえばもう日露戦争になるわけで、そういう意味では古い人間ですし、また海老坂さんとの一年の差も非常に大きなものだと思います。

「歌声路線」その名さえよく知りません。スターリンが資本主義間で戦争が起こるということを書いた論文を、あるときロシア語のできる学生がいてロシア語で浪々と皆に読んで聞かせたことがあります。それを聞いて、私は戦争中の教育勅語のようだと思ったのを覚えています。その学生は、その後語学を活かして中世ロシア語の専門家になりましたので「芸は身を助ける」ということでしょう。何故かそのロシア語の論文の冒頭が私の頭の中にもまだ残っています。どちらかというと私はルソーが苦手で、モンテーニュ、時にヴォルテールの方が近い、といえるようです。

海老坂　人生で一番最初に悲しい思いをしたのは、中学二年のときに失恋をしたことです。家のすぐ近所に二つ年上の女の子がいまして、僕の同年の友だちのお姉さんだったのですが、その子とは時々公園で会って話をしていました。あるとき彼女は僕に『狭き門』という本を貸してくれたんです。『狭き門』は御存じのように、表面だけを取り上げますと年下の少年と年上の少女との恋愛物語という設定になっていますから、年上の少女がその本を貸してくれたのは、当然これには意味があると思うわけです。その本を読んで、ますますその気になってしまったのですが、本を返した後、彼女はいつものように公園にはやって来なくなりました。僕は頭がぼうっとなっていましたから、彼女がやってこないということに対してどうしていいのかわからず、とても悲しい思いをした時期があります。恋というのは、自分が何ものであるのかということを知る、いちばん大きなポイントであると思います。子どもと母親の関係でいいますと、子どもは、お母さんの目の中に映った自分を読み取るというくらい、お母さんにとって自分はどう映っているだろうと思う時期がある。恋というのは、相手の目の中で自分がゼロならば、自分はゼロだということになるわけで、そのときにはじめて生きていることのむなしさを感じたという記憶があります。

　その後も、人生のなかで色々なことを教えられる出来ごとがあるのですが、僕の場合シャンソンとの出会いが大きかったと思います。大学に入ってフランス語をやり、フランス文学を勉強するということもあってシャンソンを聴くようになりました。しかも当時は、東京でいえば名曲喫茶とともにシャンソン喫茶が二〇軒くらいあったと思います。今では一、二軒くらいになっているでしょうが、そこへ行くといつもシャンソンがかかっている。それに当時はイヴ・モンタン、エディット・ピアフ、それにジュリエット・グレコというぐあいに、シャンソンの歌い手が綺羅星のごとくいた。シャンソンというのは人生の浮き沈みであるとか、人間の残酷さ、いじわるさ、くだらなさといったことを教えてくれるし、また恋の切なさやはかなさ、またよろこびを教えてくれるものなんですね。そのシャンソンを聴きながら、人生ってこういうものなのかということを二〇代の初めの頃に考えました。たとえば、有名な「枯葉」だってそうですね。一部分を日本語に訳してみると、「しかし人生は、愛し合っている人たちを、そっと、音もなく引き離す」。ここでの主語は人生、つまり「生きること」ですね、それが愛し合っている人たちを引き離す。その次に「ひたひたと波が砂浜によせてきて、別れた恋人たちの足跡を、海が砂の上から消し去ってしまう」といって、この「枯葉」は終わる。そういった歌を聴きながら、人生とは何だろうということを少しずつ学んでいきました。

僕は一九六三年、二十代の終わり頃、はじめてフランスに留学しました。この、はじめての西洋体験、あるいはフランス体験からも多くのことを学びました。たとえばフランス人が自分を表現するためにどれだけエネルギーを注ぐか、また生きることを楽しむことに、どれほどの情熱を傾けるかといったことを学んだ。その中でその後の自分にとって大きな意味を持ったことといえば、「個人」であるということがどういうことなのか、ということを意識として持ったことだと思います。と、いうのは一九六三年当時の留学生というのは、やはりまだ「日本」を背負っているのです。確かにこれは、たとえば森鷗外とか夏目漱石とかいった、明治以降の留学生たちが背負った「日本」と比べるともちろん軽いものです。森鷗外の場合ですと、明治天皇から肩を叩かれて行ったわけですし、漱石にしても、とにかく何かを持って帰らなくてはいけないという重圧からロンドンでノイローゼにかかっている。それと比べると、そんなに重い「日本」ではないし、また日本からではなくてフランスから奨学金を貰っているので、そんなふうに思う必要はないのだけれど、やはり「日本」を背負っているところがありました。ところが向こうに行って、「自分は日本から来た留学生で、サルトルを専門に勉強している」などといってみたところで、日本と中国ではどちらが大きいのかと聞く人がまだいたくらいですし、留学生といっても「フン」ていう感じなんです。サルトルをやる前にもっとフランス語やフランスのことを勉強したらどうだ、という態度で、そういうところからのコミュニケーションになりました。そうすると、そこでは皆、姓ではなくて名前で呼びますから、僕だと単に「タケシ」という名前の人間、ただそれだけになってしまいます。ですから、このタケシが、どういうことを話すか、どういった笑いかたをするか、どうやってみんなを楽しませてくれるかという、彼らにとってはそれしかない。それがぼくという人間のすべてです。そういう生活を続けているうちに、「日本」という荷を完全に降ろしてしまった。そうやって日本を降ろしてしまうのが本当にいいのかどうかは、また考えるべきことでもあるわけですが、たとえば、これも丁度留学しているときに起こったことなのですが、当時の佐藤首相が奥さんをひっぱたいたというニュースが入ってきて、それをどう思うかという話になりました。そのときに、これを恥ずかしく思うといえば、これは日本を背負っていることになります。逆に、俺は関係ないよといえば、これは日本を背負っていないことになるでしょう。また、たとえば日本人の友だちと一緒にいて、その前にフランス人もいて皆で食事しているとしましょう。スープを飲むときに、日本人の場合は味噌汁なんかと同じで、「ズズッ」と音をたてて啜るくせがありますね。日本人同士だと別に何も言わないのですが、目の前にフランス人がいて、あなたは友人のたてる音に気付いているといった場合に、あなたはどうするでしょうか。フランス人の前なので恥ずかしく思うから「お前、それ止せよ」と注意するなら、それは日本を背負っていることになりますし、逆にあいつはあいつでおれはおれだ、そんなこと知ったことじゃないといえば、日本を背負っていないということになります。そういう局面が非常にたくさんあって、だんだんと日本を背負わない方向に向かって行き、そうするなかで「個人」とは何なのかということを、あそこで考えたような気がします。

田村　ありがとうございました。お二人の自己形成史を語っていただいたわけですけれど、このあと第二部の方では「二一世紀の世代に向けたメッセージの形成」ということで、今のお話をふまえながら、たとえば大学という場、あるいはそれに限らず、現代の大学生や若い世代に対して、どんなふうなメッセージを送ることができるのかということに、休憩をはさんで話をつなげていきたいと思います。

第二部

田村　それでは第二部、「二一世紀の世代に向けてのメッセージの形成」というテーマでのパネルディスカッションを始めたいと思います。直接若い世代に語りかけるということも、もちろん意図していきたいわけですが、さらに、二〇世紀の後半を生きてきたお二人の経験から、二〇世紀はどんな時代だったのか、二一世紀はどんな時代になるのかといったことも加味しながらすめていきたいと思います。フロアからも色々ご質問や疑問点についてのご意見も積極的にいただきたいと思います。さて、中井先生からは前半部分で、主に冷戦までのご自分の足跡、とくに一九七〇年ごろまでの自己形成史を語っていただいたわけですけれど、先生は非常に広いスパンで物事を考えていらしゃるわけで、前部にご紹介しました『西欧精神医学背景史』という本は、まさに西洋精神史の「読み替え」のような大胆な試みで、僕自身大変びっくりいたしました。丁度あの本がでたのが一九七〇年代後半だと思いますが、それ以降の時代について、先生がどんなふうなお考えをもってこられたのかということも、第二部ではお聞きしたいと思います。それに、先ほどから僕がこだわっています「生きることの基礎付け」というべきものが、今後どんなふうに変わっていくのかといったことについて、お二人はどうお考えになるか、その辺も話し合っていただきたいと思います。

中井　一九八〇年代、私は精神科医として走り回っていたのですが、バブルもまたその上を通り過ぎていきました。精神科医が株をやりますと診察能力がなくなるんです。株というものは一種の勘に頼るわけですが、それは診察に使う能力とたぶん同じものでしょう。ですから精神科医は株をしちゃいけないんです。まあ、勤務医ですからどちらにせよ関係ないことですが。日本の勤勉の論理は建て直しの論理で立て直ったときが危機だと私は一九六〇〜七〇年代に書いていました。そこに来たわけです。

一九八〇年代は、たとえば、ソ連のアフガニスタン侵攻など、世界的に見ますと非常に失望することが多くありました。日本が買ったアメリカの国債は、米ソの軍事競争に徹底的な影響を与えました。あれがなければアメリカはもう軍拡ができなかったはずです。ですから日本は、間接的にはソ連の体制崩壊に貢献したわけです。ソ連の崩壊ということは、実は七〇年代からひそかに予言していました。というのは、アメリカと同じタイプの軍備を備えれば経済的に劣っている国が負けるのは言うまでもないことです。朝鮮戦争の中国軍とかベトナム戦争とか、全く非対称性の戦法でしか対抗できません。ただ、それには、人命軽視が前提になります。日本はアメリカと最初は対抗軍備で戦って、これは当然負けますから、だんだんアジア型になっていくわけです。

「金あまり現象」というのは、もはや高度成長が終わって、有力な資産がなくなったということだと理解できます。東京オリンピックの頃、経済官僚などの集まりで聞いた話ですが、高度成長というのは、国の資源や労働力を考えてみると一度しかできない、二度はできないのだということを話していました。私は非常によくわかりました。他にいい策がなければ、もう一度やるだろうけれど、そんなことは期待してはいけないのだということでした。

私は一九九〇年に社会主義が崩壊した段階で、二〇世紀は終わったと考えています。二一世紀は我々の子どもや、私たちのところで働いていた若い人たちの時代になるのですけど、非常に大きなことは、社会が進歩していく、あるいは革命によってよりよい世の中が出現するなどとは、もう考えられないということがわかったということです。ロシア革命を疑ったならば、フランス革命までも疑わないでいられないわけです。

もうひとつは、国家を凌ぐような規模の大企業が出現してきたということでしょう。今朝、News Week 誌でＡＯＬ（アメリカン・オンライン社）がワーナーと合併したという記事を読んだのですが、このように情報産業界でも資本が巨大化しています。国民国家という概念がフランス革命以後一般化され、さらに第二次大戦の後多くの国家が群出しました（私はこれを「国連国家」と呼んでいます）が、その中には国家と呼べるかどうか疑わしいような小さな規模のものも多く含まれてきました。私はレバノニゼーション（レバノン化）と呼んだことがあるのですが、容易に国家の態をなさなくなるわけです。現在、たとえばジョージ・ソロスなどという企業家は、国連加盟国の中で規模において下位十数カ国の財政を併せた以上の個人財産を持っています。おそらく、「国家」と並立しうるような集団がすでに多く存在していて、同じレベルで凌ぎあうという状況が生まれてきているのだと思います。歴史的に見ても、経済変動のない時代はないわけです。

今の時代というものは、ローマ帝制の末期から民族大移動の時代にむしろ似ているように思います。日本は、まだ陽の当たる場所であって、依然として世界の人口の八割は飢えています。死因の第一位はマラリアで、それに次ぐのが栄養失調だというのが現実です。

「科学の進歩」を私はあまり信じることができません。科学上の原理的な発見は、二〇世紀の前半に多くなされましたが、二〇世紀後半はむしろ、それらの原理を組み合わせてできた歴史だと思います。巨大科学というのは特殊な形態で、後世にそれほど評価されないのではないでしょうか。たしかに交通、通信技術の発達によって、地理的距離というものは縮まりましたが、それによって人生にもたらされる変化は実はそれほど大きなものではなく、こういった技術に対しては過大評価がなされているのだと思います。一方で人間のからだというものは、感覚器も含めて一〇万年は変わっていないわけですから。

海老坂　一九世紀末の人間が、二〇世紀の世代に対してなにかメッセージを残そうと考えたときと、今二〇世紀末に生きる我々が次世紀の人々へメッセージを残そうとしているのとくらべますと、おそらく二つの点で大きな違いがあると思います。ひとつは、一九世紀末の人々は、自分たちの時代についての反省をふまえて次世代にメッセージを残そうとする姿勢は薄かったでしょうし、また、次の世紀に対してマイナスの遺産を残すという意識は、あまり持たなかったでしょう。それに、もうひとつは、彼らには国家という単位を超えた世界的な規模で物を考えて、次世代への継承を行うという意識もなかったでしょう。それに比べて、二〇世紀末の人間は、とんでもない負の遺産を次世代に残しているのだと思います。

昨年末にNHKが「映像の世紀」というシリーズ番組を連続で放送していました。僕は、そのシリーズのほとんどすべてを観たのですが、観終わった後であるジャーナリストの友人に電話でその話をしたところ、彼はその番組を観てすっかり落ち込んでしまったと言っていました。その番組で紹介されたのは、戦争、爆撃、強制収容所、ひとつの戦争に続いて、また新たな戦争と、とにかく人間が人間に対して殺戮の上に殺戮を繰り返した時代――二〇世紀という時代――を記録するものだったからです。戦争による二〇世紀の死者の数は一億三千万から一億六千万にのぼるといわれていますが、少なくとも、いままでのどの世紀と比べてみてもこれほどの殺戮が行われた時代はなかったでしょう。もしかすると、それに先立つ二千年、五千年の戦争の歴史において殺された人々の数全部と比較しても、これら二〇世紀の戦死者たちは上回っているのではないかと思われます。人間というのは、いかなる動物にもまして動物であるということが確認された時代であるといえます。

これは、二〇世紀をまだ十分に生きていない若い人たちには責任のないことだし、また我々よりも少し上の世代の人々に大部分の責任があるということもできるのですが、しかし全く自分には関係ないと言い切ることもできないように思います。大部分の人生を二一世紀に生きることになる人たちにとっても、この大きな負の遺産を少なくとも記憶にとどめて、目をそらさないでいてほしいと思います。

若い方たちとの話の中で、「戦争については、自分は体験していないのでよくわからない」という意見をよくききます。半分はその通りでしょう。しかし、半分はやはり違うと思うのです。もしも、人間が、自ら経験したことしかわからないとしたら、たとえば外国に行ったことがない人は外国のことはわからない、過去のことは直接経験していないのでわからない、また他人と自分の体験はちがうので他人のことはわからない、ということになってしまいます。人間には想像力というものがあり、言葉というものがある。それを本当に動員するならば「戦争のことはわからない」という結論にはならないと思います。

二〇世紀のもうひとつの負の遺産として、人間と人間との関係がずたずたに引き裂かれたということがあげられると思います。これはヨーロッパと日本とでは時代的にずれはあるのですが、西欧の場合ですと一九世紀から徐々に、農村からの人口流出によって伝統的な共同体や人間関係が破壊されていきました。そしてまた、都会に出ていった人たちの間でも、階級意識に根ざしたあらたな人間関係が形成されるようになりました。そこから、階級的な連帯意識や、社会主義運動が生まれてくる。日本の場合ですと、明治の時期に非常に大きな断層がありますね。最近、福沢諭吉の『文明論之概略』を読みなおしてみました。一八七五年に出た本ですが、その本のなかで福沢は、明治維新によって人間の関係がずたずたに崩れてしまったということを述べています。たとえば、それまでは君主と臣下との間には「義」の関係があり、世代間では「由緒」という関係があり、また上下関係には「名分」というものがあった、それによって人間がつながれていたと彼はいいます。ところが明治維新後そういったものがすべて消え去って、維新後はすべてが「銭」の世界になってしまった。では、それに代わるものとして何があるかということについて、福沢はいろいろと模索します。まず国学、すなわち天皇を中心として日本という共同体を考えるという発想、あるいは、当時日本に入ってきていたキリスト教というものをもって新たな人間関係の基盤とするという考え方もあり得るのではないか、あるいは、もうひとつは儒学をもって共同のモラルとすることも可能ではないだろうか……。そんなふうに彼はいろいろと考えるのですが、結局のところどれもうまくいきそうにない。そこで結論として彼が辿り着いたのは「国家の独立」ということでした。つまり、ひとことでいえばナショナリズムです。国民という概念でもって人間同士の新しい絆をつくろうと、彼は考えた。この福沢のナショナリズムは、その後の軍国主義に直接繋がるものではないのですが、それでもやはりそこに通じて行く要素というものはあります。このように荒削りにいうと丸山真男さんなどから叱られるでしょうが、それでもやはり一九四五年まで続いたひとつの大きな潮流の萌芽がそこにあったと思います。そして四五年以降は、それまで弾圧されてきた社会主義的な考え方が支配的になり、戦後の日本は労働組合運動の強い社会になります。そうして、組合や左翼政党、左翼運動といったものが人間同士の新たな紐帯となっていきました。その新たな結びつきも六〇年代、七〇年代と時代が下るにしたがって下降線を描き、八九年、九〇年の社会主義の崩壊を迎えるにいたりました。そうすると、その後を受ける、新しいカードがもうないのですね。そこで何がでてくるかというと、最初に福沢が考えていた国体論、すなわち君が代、日の丸に象徴されるような天皇制の復権、また宗教、つまり福沢がかんがえたキリスト教に相当するものとしてみれば、既成の宗教にあきたらない新興の宗教による絆、そしてまた儒教のかわりに一種の東洋思想が人を惹き付けているという現状を考えますと、結局、文明論之概略の当初にまた戻ってきたという気がします。ただ、福沢の場合には試行錯誤のあとにナショナリズムという切り札が残ったわけですが、今やそれは通用しないでしょうし、また、僕なんかにとっても、ひとつのめざす方向として在った戦後の社会主義イデオロギーといったものも、もう通用しない。理想や、未来への希望や、イデオロギーへの期待が終わったあと、今後社会的な人間の絆としていったい何が可能なのか。これは二一世紀の大きな課題だと思います。それが何であるかということはわからないのですが、たとえば中井さんがおまとめられた本のなかで、阪神・淡路大震災のあと、一時的ですが共同体的な感動があったということが書かれています。つまり、大きな不幸のあとで、それによって人間が結ばれるということがあり得るということでしょう。震災で多くの方がなくなったが、それでも人間の結びつきというものが残ったということをお書きになっています。それは時間の経過とともになくなっていくかも知れないのですが、そのような経験の記憶が、国家や宗教といった方向でない形で新たな人間の結びつきをつくることができるのかどうか。そういったことをヒントにして可能性を探っていくこともできるのではないでしょうか。

中井　震災後の共同体ということについて申しますと、共同体感情というものは、やはり双刃の剣であるといえます。戦争や革命勃発の直後には共同体感情というものが多く発生したというのが史実に近いのではないでしょうか。過去の革命は、何か社会の進化の結果起こったというよりも、行き詰まりによって起こったという面が強いと思います。そういった革命勃発後に共同体的な感情を制度的に永続させようとすると、レーニンであれロベスピエールであれ、結局は専制政治につながっていったということがあると思われます。戦争との関連でいいますと、二〇世紀のいちばんおおきなプラスの面をあげれば、それは女性が政治、経済、そして社会活動に参加するようになったということだと思います。残念ながら男性には闘争本能というものが仕組まれています。これは、人間以前から人間に進化した段階でさらに強くなったと考えられています。ですから私は、二一世紀の希望は女性にあると思います。男性は二〇世紀で失敗ばかり重ねてきました。女性が男性と同じことをめざして行うというのならこれはつまらないことですが、別のあり方が可能ならば希望が持てると思います。

外傷神経症、特に戦争神経症ということについて考えていて思ったのですが、たとえばヒトラーは、悪魔的で例外的な存在といわれていますが、考えてみると、彼は第一次大戦中に敵の毒ガス攻撃によって負傷しているわけです。被害者が加害者となっていくという被害連鎖という現象があるのですが、ヒトラーにもそのような原理があてはまるのではないかと思いました。ある本には、ヒトラーは毒ガスの被害を受けた経験があるため、ユダヤ人のホロコーストに毒ガスを用いたのではないかということが書かれていて、これは少し直線的な考えかもしれませんが、全く無視することはできません。あのように例外的なキャラクターだといわれる人物にも、ひとつの原理がはたらいていたのではないかと考えられるのです。

第一次大戦と第二次大戦は引き続いて起こり、おそらく同じ軍人が両方の戦争に参加するというケースが多かったため、第二次大戦には戦争神経症的な要素がみられます。

また、ベトナム戦争におけるアメリカ軍が、中国の日本軍顔負けの行為を行ったということも、第二次大戦の戦争神経症者が作戦を指導したということからも理解できる部分があります。また、日本軍の中国戦線での行為はシベリア出兵と関連付けて考えられるわけです。そういったことを、精神医学では「被害の連鎖」というわけですが、エランベルジェは教授就任演説の中で、犯罪医学は犯罪についての個人の責任を扱うだけでなく、なぜ戦争そのものを対象として扱わないのかと批判しています。そういう目から見れば、戦争の連鎖を通じての被害の連鎖——虐待された子どもが虐待する側に立つようになる——というものは、冷戦の終焉によって、はたして断ち切られたといえるのでしょうか。一九九〇年には一旦戦争はなくなったように見えたのですが、その後一九九四年あたりから、それまで冷戦によってどちらかのブロックに区切られていた人為的な境界線が崩れるとともに再び武力紛争が激化したのが現状です。

田村　今話題になっている多木浩二さんの『戦争論』〔岩波新書、一九九九年〕には、冷戦後の軍事対立の新たな局面として「内戦」というものが取り上げられています。被害の連鎖もこうした内戦によって再び継続されるのではないでしょうか。

中井　ルワンダの内戦は部族間の争いという形をとりました。内戦というのは、国と国との戦争と違って、顔も言葉も同じ民族同士が、お互い「やられる前にやれ」というふうに緊張して対峙し合う状況です。韓国から亡命してきたある人が非常に印象的なことを語ったのですが、それは(敵対するもの同士の)顔や言葉が違えばどれほど楽だろうということでした。

海老坂　冷戦の終結に関しては色々な見方があって、有名なのは「歴史の終わり」という考え方、つまり資本主義が勝利して歴史の発展段階がそれをもって終わるのだという意見です。それとは全く対照的に、「歴史の凍結解除」という見方もあって、冷戦の時期は歴史上のいわゆる凍結期間として括弧にいれて、これから再び歴史が再開されるという考え方です。また、一方で「歴史の遡り」という奇妙な論説もあります。これはすなわち歴史はすでに来るべきところまで来てしまって、あとは世紀を遡っていくのだという説です。また、歴史が方向転換をするべき時だという人もいます。これまでの資本主義対社会主義という対立軸はもうなくなってしまって、今後は強者対弱者、国家対民族、民族的なマジョリティ対マイノリティといったものが相対する軸となるのだという考え方です。このように、色々な説があるのですが、そのように考えていくと、戦争の連鎖というものは、単に場所をかえて続いていくということかも知れないですね。

少し話が変わりますが、僕が関心を持っているのは、二一世紀は人間の孤立や孤独といったものがさらに増大していく時代になるのではないかということです。これについて、たとえば中井さんは、精神科医のお立場からどのように考えられるでしょうか。

中井　孤独が増大するかどうかは、ただちに断言できないことです。また、人口がある局面を超えるとどういう現象が起こるかということとも関連しています。孤立や孤独の増大ということは、たとえば家族の崩壊ということに関連しているとお考えでしょうか。

海老坂　ええ、それもあります。また、ひとつには生産の場においても、かつては職場を通じて人間的なつながりをもつということがありました。ところが今ではコンピュータを相手に仕事をする。また、人間にかかわるものとして産業用ロボットなどが職場に導入されてきています。このように、職場における社会性というものが希薄になっている。また、住居環境にしても、たとえば僕はマンションに住んでいるのですが、同じマンションの住人たちが接触をもつのは子どもを通してです。僕なんかは子どもがいないのでそういった結びつきがないのですが。ところが子どもたちが成長して家を出ていき、親たちも高齢化してきますと、マンションの隣人同士の関係はどんどん希薄になっていく。あるいは、少子化が進むと親戚が少なくなる、つまりかつての大家族と比べて、たとえば、いとこがひとりしかいないという子どもたちも増えてきます。それに、私のように結婚しない人間の割合が増えていっています。

もうひとつは機械との関係です。今では個人々々が携帯電話をもっていますし、また、テレビなども昔のように家族が集まって観るのではなく、それぞれが別々に観ている。同じひとつの家族のなかでもそのような孤立化が進行しているとすれば、全体として孤立化・孤独化が、とくに制度や文明のありかたによって増大させられているのではないか。

中井　しかしそれは、近代がめざしたところだといえるのではないでしょうか。

海老坂　そうです。しかし日本の場合、それはあまりにも急激にやってきたと思います。僕は、たとえばフランス人などをみていて、彼らは小さい頃から「孤独」というものを知っているなと思うことがよくあるんです。日本人の場合、子どもの頃から孤独に向き合っているというよりも、何か受動的な形で孤独、孤立を急速に蒙るようになってしまった。日本の近代の時間的な浅さを考えますと、それをめざしたというより、むしろ受動的に受け入れてきたという感じがするのですね。

中井　家族についていえば、私は、状況がある方向に変わればそうでなくなるのではないか、人間の本性はそれほど変わらないのではないかと思います。たとえば家族にかかわる制度というものを、人間はなかなか持ちにくいのではないでしょうか。家族は同姓であることや友愛でつながれているということもありますが、衣食住という経済的動機も大きくあります。その結びつきが希薄になったとしても、それは一部であって、全体としては、やはり家族の存在は人間にとっておおきいと思います。サルの研究をしている人たちによりますと、チンパンジーやボノボは「群れ」であって、人間だけが「家族」を持つといいます。ボノボその他の集団では七年に一人子どもを産みますが、人間の場合、産児制限のない状況では一・八年に一人子どもを産みます。また、ボノボその他では母親だけが子どもを育てるのですけれど、子育てが終わらないと発情期が来ないわけです。人間は発情期というものが定まっておらず、また子育ても複数で行います。そのためには「家族」という集団が必要だったわけです。そういうことから考えれば家族はなくならないと思います。

電化によってずいぶんと状況は変わったと思います。私の若い頃は電化がなされていなかったので、洗濯ひとつも大変でしたから、家族のメリットは非常に大きかったわけです。今は生活の中に電気製品が入り込んできて、便利になったと同時に、家族の役割が変化してきたといえます。女性の自立というのも家族の形態に変化をもたらしました。

こういう例があるのです。精神病の人をレクリエーションに連れていき、そして食料やテントをおいたまま、医者の方は姿をかくして物陰からそっと様子をみていたのです。最初の一時間ほど、患者たちはなにもせずにただ立っているだけでしたが、次第にテントを組み立て、食料をつくり、共同生活を始めました。そういう状態が三日ほど続き、もう大丈夫だろうと思って彼らを病院に戻すと、元の木阿弥でした。なぜなら、病院ではすべてが提供されるからです。私は、何も窮乏の時代に戻るべきだなどというつもりはありませんが、ニーズがあれば復活するものがあるだろうと思います。そのように復活するもののなかには禍々しいものもあるかも知れませんが、それだけではないでしょう。震災のとき私が危惧したのは、かつて大正一二年の震災のとき、流言飛語によって朝鮮人の虐殺が行われたという事実がありましたので、そういった流言飛語の類いを片っ端からつぶしていく作業を行いました。しかし、実際にはそのような暴動は起こらなかった。これは戦後のメリットであると思います。

田村　最近、二〇〇〇年問題ということで、コンピュータの誤作動によって、いわゆるライフラインが（これも震災によって普及した言葉ですけど）が危機にさらされるのではないかということがいわれました。僕は、これが囁かれだした頃から、ある不快感を持っていました。まるで、マイクロソフトという巨大なコンピュータ会社がメディアを通じて、無料で宣伝をやっているように思われたわけです。政府の広報その他が連日我々に対して、どれほど日常生活がコンピュータに依存しているかを教え込んでいたようなものです。ビル・ゲイツが、あの二〇〇〇年問題のあとで退陣したのもひとつの象徴的な意味を持っているのかもしれません。役割を終えたのですから。これは、二〇世紀には国家を超えるような巨大な企業が登場してきたという、先ほどの中井先生の発言とも関係すると思います。僕が思うのは、われわれが「生きる」という感覚が、コンピュータも含めてシステムのなかに絡み取られていて、非常に見えにくくなっているということです。それが、僕の二〇〇〇年問題に対する一種の不快感の原因ではないかと思います。僕自身は別に何もしなかったのですが、実際に家庭を切りもりしている妻などは、水はどうする、食料はどうする、といったようにかなり深刻に考えていました。実際、朝シャンプーをする水がなければ困るといった感覚が、子どもの頃から自然に埋め込まれてしまっているわけです。ですから、僕はむしろ今後、国家などがなくなっていった場合にも、システムとのかかわり合いからどう自由になっていくか、そんな逃げ道はないのだろうか、ということを思います。

中井　私もあのときは何も準備しませんでした。大災害を経験した人間は、それ以下であろうと予測されるものに対してあまり準備をしないという法則があるそうですが。逆に周囲が心配したり、あきれたりしていました。私はワープロしか使わないので、さほど危機感は持っていませんでした。災害の時には、機械のネットワークはあまり信用できなくて、それよりも人間のネットワークが大事ですね。

海老坂　今のひとたちは、あらゆることが満たされていて、何か欲望が減っている、やりたいことも減っているのではないか。僕は「志」という言葉が好きなんです。そしてこの言葉を口にするとき、いつも林芙美子の『放浪記』という小説を思い出します。これは読むたびに涙が流れるのですが、あの中で、主人公は「ほかほかしたおにぎりが食べたい、カツ丼が食べたい、中華そばが食べたい」としょっちゅういっている。小さな飲食店を転々として働く、また男を替えていく。ただ、彼女にはひとつの「志」がある。それは「何かを書きたい」ということです。そうしながら貧乏生活を続けていく。そしてまた、これは別の『清貧の書』という本のなかにあるのですが、あるときお母さんから布団を、それもつぎはぎだらけの布団を送ってもらいます。そのときに、お母さんは「枕はひとつでいいのかい」といってきます。林芙美子は、それまでに色々な男と暮らしていて、何度か枕を送ってもらっている。今回もまた、別の新しい男と彼女は暮らしているのですが、しかしそのお母さんからの手紙をみて、彼女は「枕はひとつでいい」と意地を張った返事を書く。そういう状況の中でも、彼女は「ものを書きたい」という志をもって生きている。彼女にないものといえば、それこそ何から何まで欠けている。ところが、今の人たちは、大抵おにぎりは食べられるし、ラーメンやカツ丼は食べることはできます。では、欠けているものは何もないのかというと、やはり何か欠けているのじゃないかなと思います。それが食べるものではないとしても、何か欠けているものがあるはずです。そういうものを自分の中で探していくということは可能だと思うし、そのときに何か「志」といったものが出てくるのだろうと思います。

システムに絡め取られないものというのは、やはりそういった「志」しかないのではないでしょうか。勿論、そのような志は百パーセント実現するわけではありません。しかし、「志」が全くない人間というのは、全面的に制度やシステムに巻き込まれてしまうだろうし、そこからは一種の、非常にシニカルなリアリズムしか出てこないだろうと思います。しかし、そういう方向に行くのか、あるいは何か「志」をたてて、たとえば百の目標をかかげて、せいぜい三つくらいは実現させるというふうに生きていくのか、どちらを選択するかということだと思います。

中井　今の若い方について推し量れば、たとえば私たちが過ごした衣食住に事欠く時代に比べれば確かに満ち足りているとは思いますけれども、人生の中で何か価値あるものを実現したいという気持ちはやはり強いと思います。そのようなナビゲーションマップが求められているのでしょう。

海老坂　そうすると、今度は学校の教師は何をしているんだということになってくると思うのですが。

中井　ただ、それは教師の力で左右できるものかどうか……教師の出来る範囲というのは限られているように思います。

海老坂　もちろん、その通りだと思います。ただ、小学生をみていると非常に生き生きしているように思うんです。昔の小学生に比べてはるかに色々なことを知っているし、とても生き生きしています。ところが中学生、高校生と進むに連れて、何か退化するというか、子ども化するというか、そういう感じを持ちます。これは責任を転嫁するわけではないのですが、中学校、高校の先生というのは非常に影響力を持っていると思うし、それにくらべると大学の教師の影響力など非常に僅かだと思います。大学の教師はせいぜい、何か好奇心を持ってもらうということぐらいしかできないのではないでしょうか。そういう意味で、小学校、中学校、高校の教育というのが大きいと思います。

中井　そういう意味で、河合隼雄先生が中心になってすすめている教育改革の答申があるのですが、そのなかでは義務教育は週三日にして、英語を第二公用語にしようということがいわれています。これなどはどう考えられますか。

海老坂　僕はフランス語の教師なので、まず立場上それがいいことだと決していえないのですが……。それに、英語というと、アメリカという世界の唯一の強国の言葉であるということで、「言語帝国主義」に通じるのではないかという警戒心をもってしまいます。これはフランスなどでは随分と強い考え方ですが、「文化例外主義」すなわち文化というのは他の商品とは違うのだという考え方から、英語こそ普遍的な言語だという考えを排除する動きが強い。従来の考え方ですと、まず経済があって社会があって文化があるという、いわゆる下部構造から上部構造へという発想が一般的だったのですが、ところが現代では逆にまず文化というものに大きなインパクトが与えられると、それが経済や社会を変えていくという世の中になりつつある。そういう意味からいいますと、英語を第二公用語にすると、社会や経済に重大な影響を及ぼしかねない、ですからこの考え方には、僕は大きな疑問を感じます。

中井　もし、英語を第二公用語にするとなると、明治維新と同じような文化的断絶が起こるのではないかと私も思うのです。過去の文化遺産に対するリテラシーがだんだん弱くなる。

海老坂　そうですね。

田村　お話が佳境に入ってきたところなのですが、そろそろ時間も無くなってまいりました。最初にお約束しましたように、フロアから何かご質問、御意見を出していただければと思います。

フロア　「生きる」ということについて、男性が語る場合と女性が語る場合では随分とニュアンスが違ってくると思うのですが、男性が語る場合、どうしても政治、戦争、国家という話と結びついてくると思います。そういう意味で、中井先生が、二一世紀には女性が断然違った役割を果たすようになるだろうと仰ったことが印象的でした。

それから、海老坂先生が、フランス人は「孤独」や「孤立」というものを子どもの頃から身に付けているというふうに言われましたが、日本の場合「孤独」・「孤立」というものに対してプラス・イメージをもたせることはまずないと思います(「自立」「独立」という言葉ですと少しニュアンスが違うのですけれど)。一般的には、「子どもを孤立させてはいけない」「孤独に追い込んではいけない」というふうに言います。それでは、どこへ追い込んだらいいのか。ところが、今日、お二人のお話を伺っていますと、お二人とも共通して「自分は誰にも理解されない、孤独な人間だった」と言っておられるわけですね。このように、人間は元来「孤独である」という機能をもつものであるのにかかわらず、その機能に対して日本の文化は積極的な役割を、特に近代以降与えてこなかったのではないでしょうか。「孤独」・「孤立」というものにプラス・イメージを付与するかわりに、それを避けたいという意識が常に働いていたと思います。いったい、「孤独」・「孤立」というものを避けて、人間は果して生きることができるかという疑問が起こります。本当に「生き」ようと思えば、自分は孤独である、天地の間に自分というものは一人しかいないのだということを感じる必要があるのではないか、まずそこから出発して、はじめて家族や社会と自分との関係に気付くのではないかと思います。このように大切な「孤」=「個」という機能をあまりにもネガティヴに捉えがちだと思うのですが。

中井　精神医学的にいいますと、自分はかけがえのないひとりであるという感覚と同時に大勢のなかのひとりである考え方は、なかなかひとつになりにくいものです。しかしそれを過不足なく持つことが精神の健康の基本だと思います。

「自分」というものの起源がどこからきたのか。あるいは、他者の贈り物として自分というものがあると考えることができるのかもしれません。私は孤立や孤独を好んで求めませんが、私の今日の活は「嘆き節」ではなく、むしろ昂然と生きとおしてきたと自分ではひそかに思っています。友人は少なくありません。思いがけない縁での友人も少なくないのです。

フロア　「生きるということ」について女性の側から論じられるケースは少ないのですが、生きている、みんなここにいるということは、生まれてきたからここにいるわけです。女が子どもを産んできたわけです。人間と人間をつなぐものは人間であるということを女性は感覚のレベルでわかっていると思います。人間は感情をもっていますが、二〇世紀はその感情を押し殺してきた歴史だと思います。論理的であるということは、たしかに経済発展を促すかもしれませんが、感情を押し殺した状態では子どもの非行というものはなくならないと思います。人間と人間をつなぐ人間の大切さ、あるいは平和教育いうことを子どもに教えるのは、学校というよりもやはり家庭の役割ではないでしょうか。女性の社会進出はなるほど意味のあることだと思いますが、家庭での教育は大事だと思います。

海老坂　僕には子どもがいないのですが、かつて子どもであった人間として考えてみますと、学校の価値観と家庭の価値観が一致している、あるいは父親と母親の考えが一致している状況というのは、子どもにとってつらいものだと思うんですね。そうなると子どもは、もう行き場がなくなってしまいます。羽仁進さんの教育論が僕は好きなんですけど、あの人は子どもに学校が面白いのか家庭が面白いのか選びなさいといって、結局あの人の娘さんは学校に行かなかったのです。お父さんと一緒にいたほうがいいと。これは恵まれた例かもしれませんが、そういうふうに学校の価値観と家庭の価値観は違うのだ、また、家庭の中でもお父さんの価値観とお母さんの価値観、またお祖父さんお祖母さんの価値観はそれぞれみんな違うのだという中で、その価値観を選択する自由を与えられたほうが子どもにとってはいいような気がします。

フロア　中井先生、海老坂先生のどちらも共通して仰っていたことなんですけれど、それぞれ子どもの頃に屈辱感を持たれた経験がおありになるということです。私も人後に落ちず戦争中、またその直後に随分と屈辱感を味わいました。このような幼少時代の屈辱体験というのは、大きくいって二つの感情として残っているわけです。ひとつは怒りの感情であり、もうひとつは羞恥心です。私はこの歳になっても、子どもの頃に受けた屈辱体験が夜中に蘇ってきて、思わず叫びたくなる気持ちに襲われることがあります。それはやはり後者――つまり恥ずかしいという感情なんですね。これは単なる羞恥心といえるのか、これは太宰治の文学によくみられるテーマですけれど、そういう「恥」あるいは「羞恥心」というものを、先生方はどういうふうに解消なさったのでしょうか。また、言葉を変えていうと日本文化は「恥」の文化であるといわれますが、我々の心の底にある倫理的な感情と申しますか、それは今日のテーマである「生きるということ」と切り離せないと思うのですが、そういった倫理感情の基礎になっているのはどのようなものだとお考えになられるでしょうか。

中井　私は屈辱感というものをを戦争中に味わって以後、その後の人生の様々な局面で、ここで自分が負けたならその屈辱が生涯ついてまわるであろうと思ったときには、やはり思い切った行動に出るようになりました。研究者としての初期の頃に、私の教授が先輩を殴ったのをみて後ろから羽交い締めにしてそれを止めさせました。これは当時としては破滅的な行為なのですけれど、そのときに思ったのは、今この事態を坐視したならば、その後の私の一生を通じて自尊心に傷として残り、回復することができなくなるだろう、だから、これは行動をおこさざるを得ないということでした。そうやって、私は時にはその場面を避け、時には思い切った行動に出るということを行ってきました。

人間は、特に宗教の倫理において「食欲」「睡眠欲」「性欲」というのを、いかにコントロールしていくかを問題にしてきたわけで、宗教はとくに「性欲」などを問題にしてきました。しかしながら「権力欲」というのはあまり問題にされませんでした。もっとも宗教というのが権力と結びついていたということもあるでしょう。しかし二〇世紀の戦争や、先ほどもいわれました家庭の平和の問題を考えてみると、家庭内でさえ平和が失われるというのは、家庭がひとつの権力欲の場となっていることが言えるでしょうし、また戦争も基本的には権力欲であります。人間は「権力欲」というものをどの程度コントロールできるのかが問題だと思います。それが、それぞれの個人が抱いている自己実現への欲望、あるいは海老坂先生がいま仰ったように「志」や生きがいといったものと、どう擦り合わせができるのか。個人の「志」を権力欲と切り離したかたちで表現することが可能なのか。いずれにせよ、この権力欲をいかにコントロールするかということに人間の将来がかかっているといっても過言ではないと思います。

海老坂　「恥」のなかにも、軽いものと重いものがあると思います。恥ずかしい思いをすることは今でもよくありますが、大きな声で歌を歌って忘れるようにします。多少重いものでも、マルクスの言葉を引いて「恥は革命的な感情である」ということを、おまじない的に唱えて解消しようとするのですが、これは駄目ですね。これで解消できる部分というのは少なくて、結局は残っていきます。残っていくものはどうしようもないですね。

フロア　自分というものは取り替えることのできない唯一のものでありながら、同時に大勢のなかのひとりであるということについて、過不足なくバランスを取るところに精神の健康があるということを、先程中井先生は話されました。先生は現代ギリシア詩の翻訳ですとか、あるいはフランスの難解な詩の注釈を出版されているのですが、詩というものを考えるときに、それを作る立場、鑑賞する立場、また批評する立場と色々ございますけれど、生きていくということのなかで先生が詩というものを取り上げていかれるご姿勢は、やはり自分というもののあり方、また生きていくうえでの感動というものと接点があるのでしょうか。詩と先生の生き方というものを簡単にお話いただければと思います。

中井　私は詩については翻訳する、あるいは注釈をつけるということだけにとどめております。もしも私が詩を作ったならば、おそらく分裂病患者［統合失調症］の診察というものができなくなると思います。つまり詩というのは一種の総合的な、肉体を持った言葉であり、そこで感情がきらめき、過去の追憶があり、ほとんど言葉をカラダを持ったものとして感じるのが詩であって、それが記号に近付けば近付く程散文になっていくのだと思います。それは、自分の中にときどき間歇泉のように湧いてくるのですが、それがわからなくなると、一種の乾いた感じを覚えて、詩というものがさっぱり理解できないという人の気持ちに近くなります。ときどき言葉というものは非常に深く、生命に近いものとして感じるのですが、その時は心おどりがいたします。

田村　お約束していた時間を三〇分ほど超過してしまいました。テーマが大きすぎて、最初はどうなるかとも思いましたが、特に後半は活発な議論がなされて、フロアからもご意見、ご質問をいただくことができました。大変長時間になりましたが、最後までおつき合いいただき、ありがとうございました。

〈注〉冒頭関西学院出版会理事の山本栄一氏の挨拶があったが収録にあたって割愛した。

海老坂武（えびさか・たけし）
一九三四年生まれ。東京大学大学院博士課程修了。一橋大学教授、関西学院大学教授を経て、執筆と翻訳に専念。著書に『戦争文化と愛国心』（みすず書房）、『サルトル』（岩波新書）、『〈戦後〉が若かった頃』（岩波書店）など、訳書にサルトル『実存主義とは何か』『家の馬鹿息子』（ともに人文書院）、ファノン『黒い皮膚・白い仮面』（みすず書房）、ブルトン『狂気の愛』（光文社）など多数ある。

田村和彦（たむら・かずひこ）
一九五三年生まれ。関西学院大学経済学部教授（当時）、二〇一〇年より同大学国際学部教授（二〇二〇年まで）。

父方の祖父(中井裕計)と祖母。母親に抱かれているのは幼い日の中井久夫。

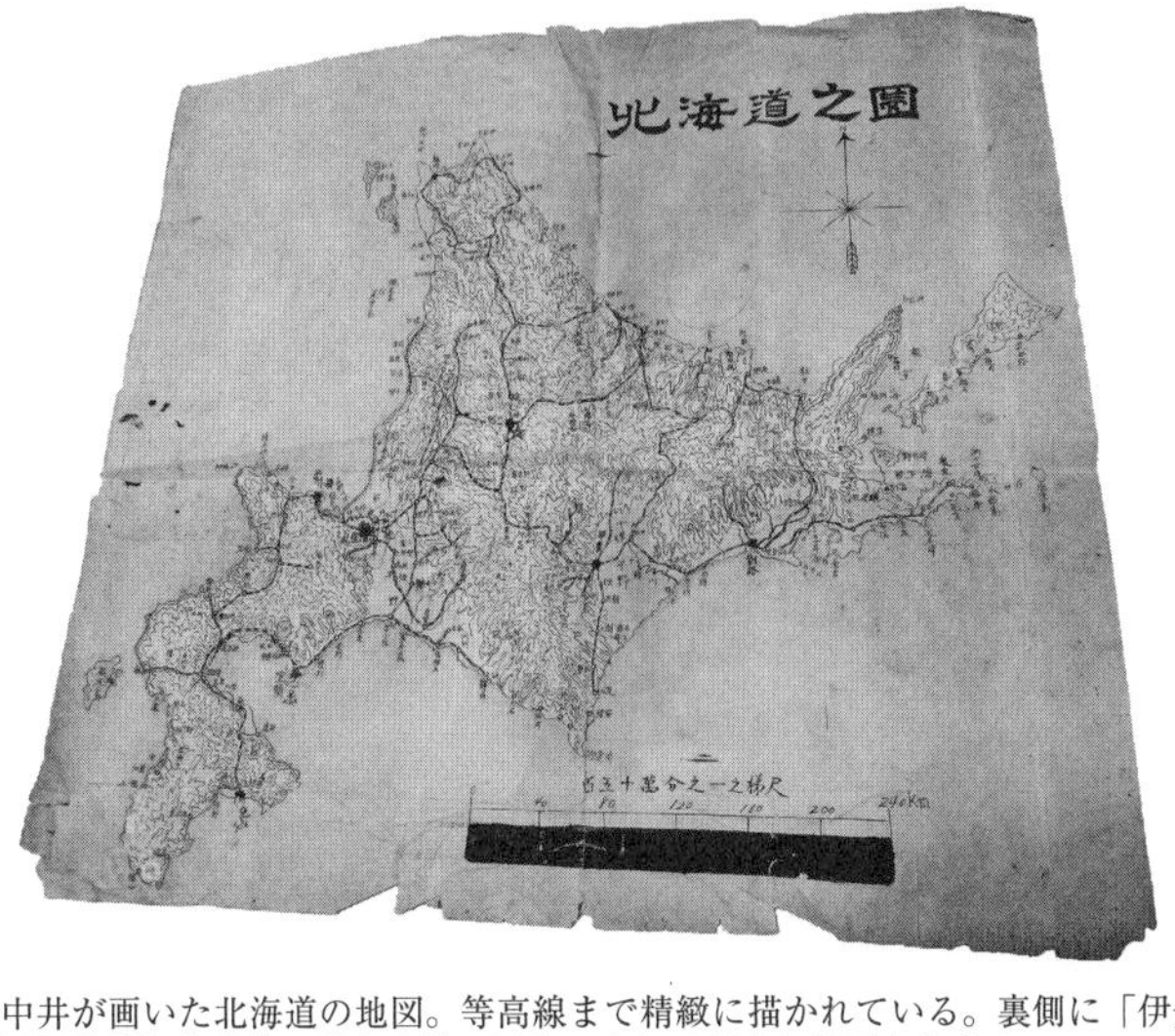

少年中井が画いた北海道の地図。等高線まで精緻に描かれている。裏側に「伊丹市稲野國民學校初等科第五學年生徒　昭和二十年三月中旬描画」とある。

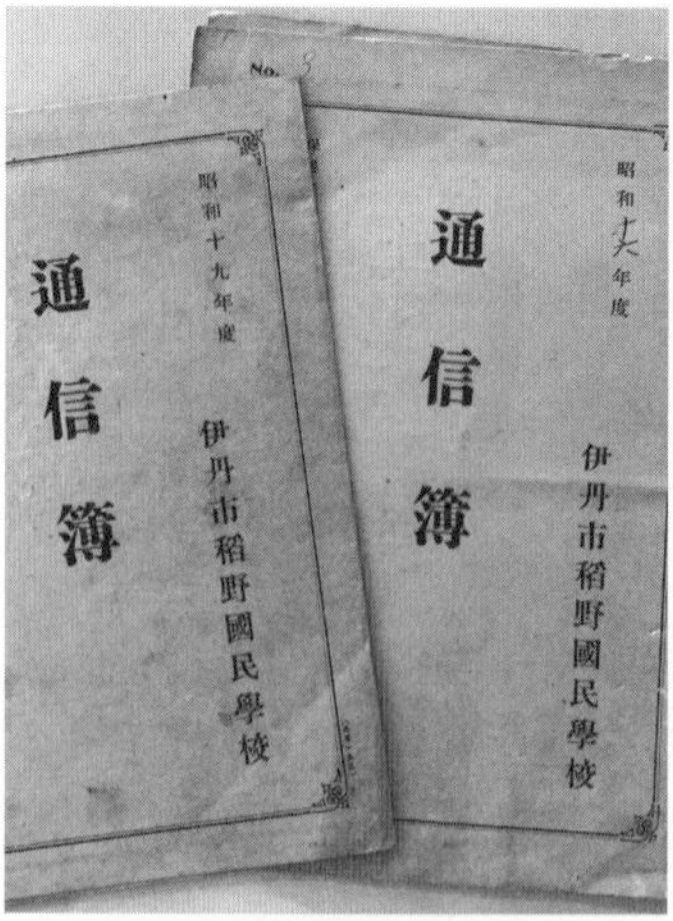

中井の国民學校の通信簿。

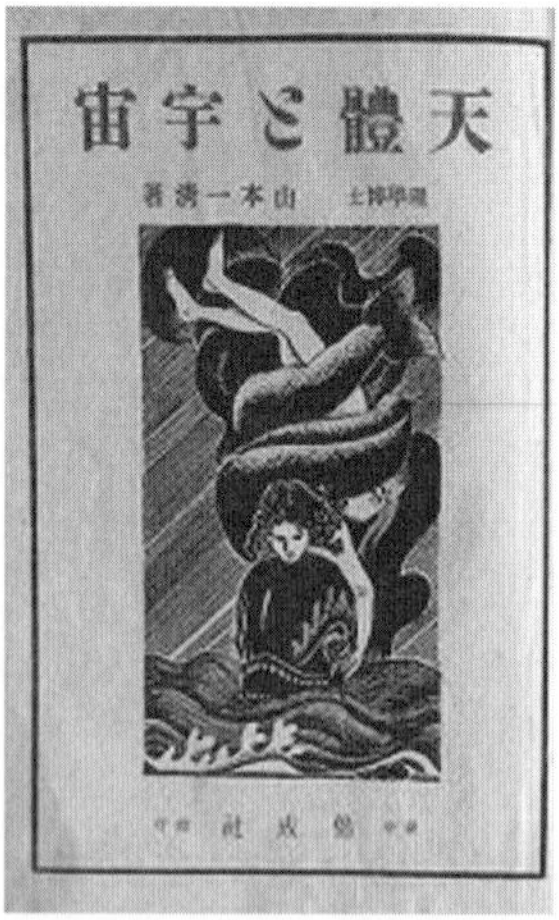

山本一清『天体と宇宙』偕成社。

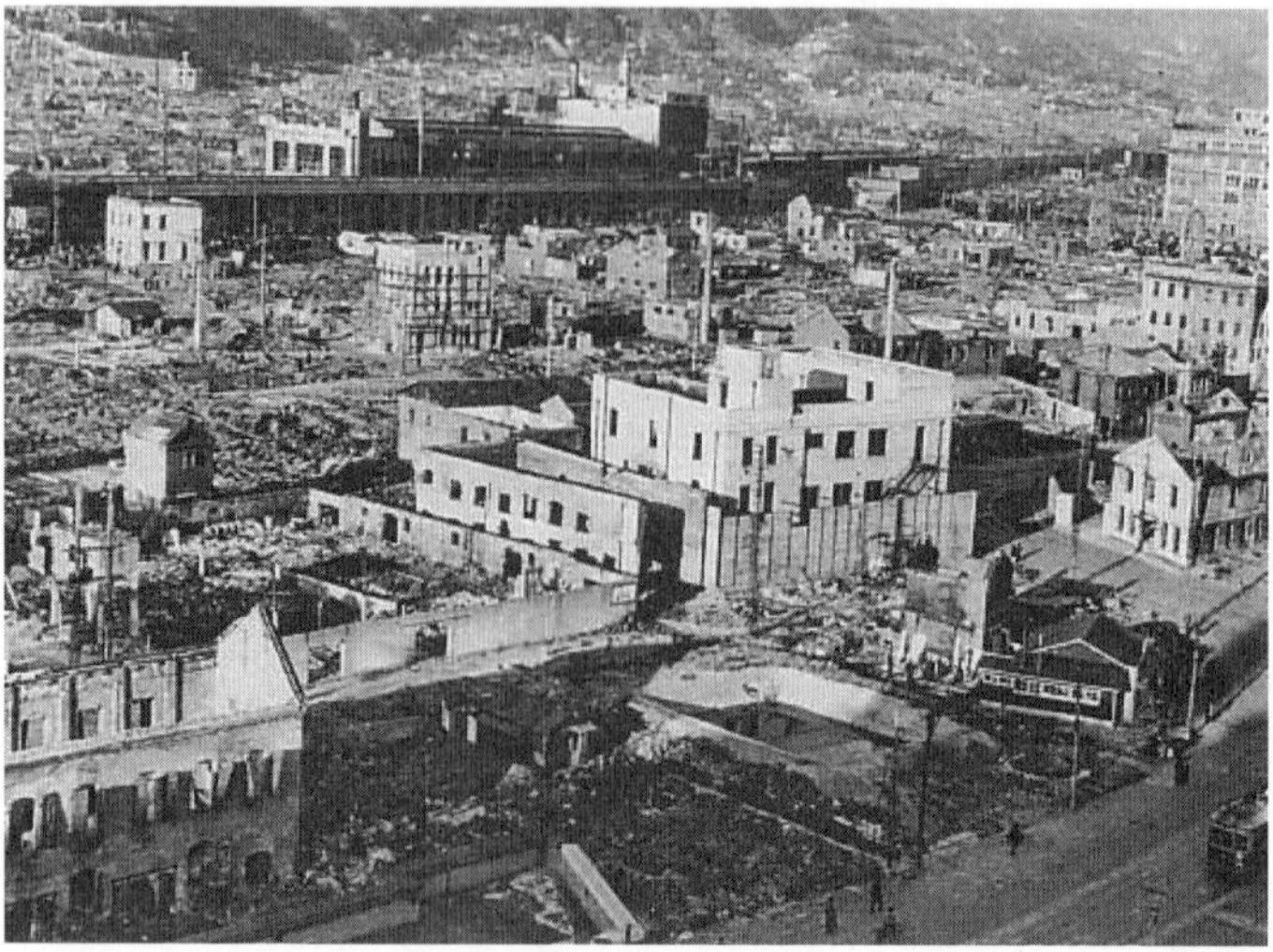

空襲後の神戸、1945年。

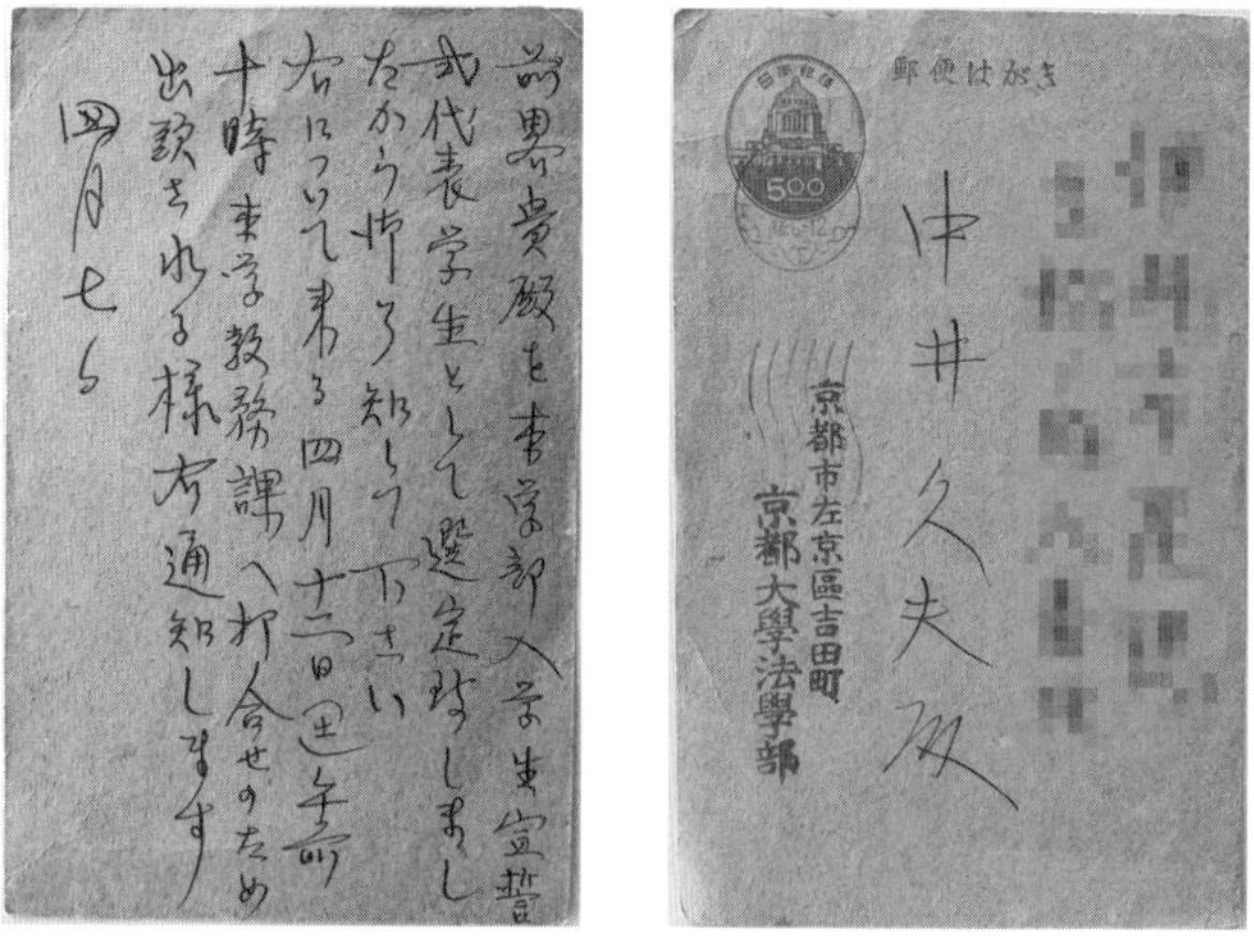
前略　貴殿を本学部入学生宣誓式代表学生として選定致しましたから御了知して下さい
右について来る四月十二日(月)午前十時本学教務課へ打合せのため出頭される様お通知します
四月七日

郵便はがき
[redacted]
中井久夫殿
京都市左京區吉田町
京都大學法學部

中井に新入生の宣誓をもとめる京大法学部からのはがき。

医学生のころの中井。

戦後長崎に小旅行にでかけたときの旅日記。地図や風景、船や鉄道などのスケッチと文章が綴られている。

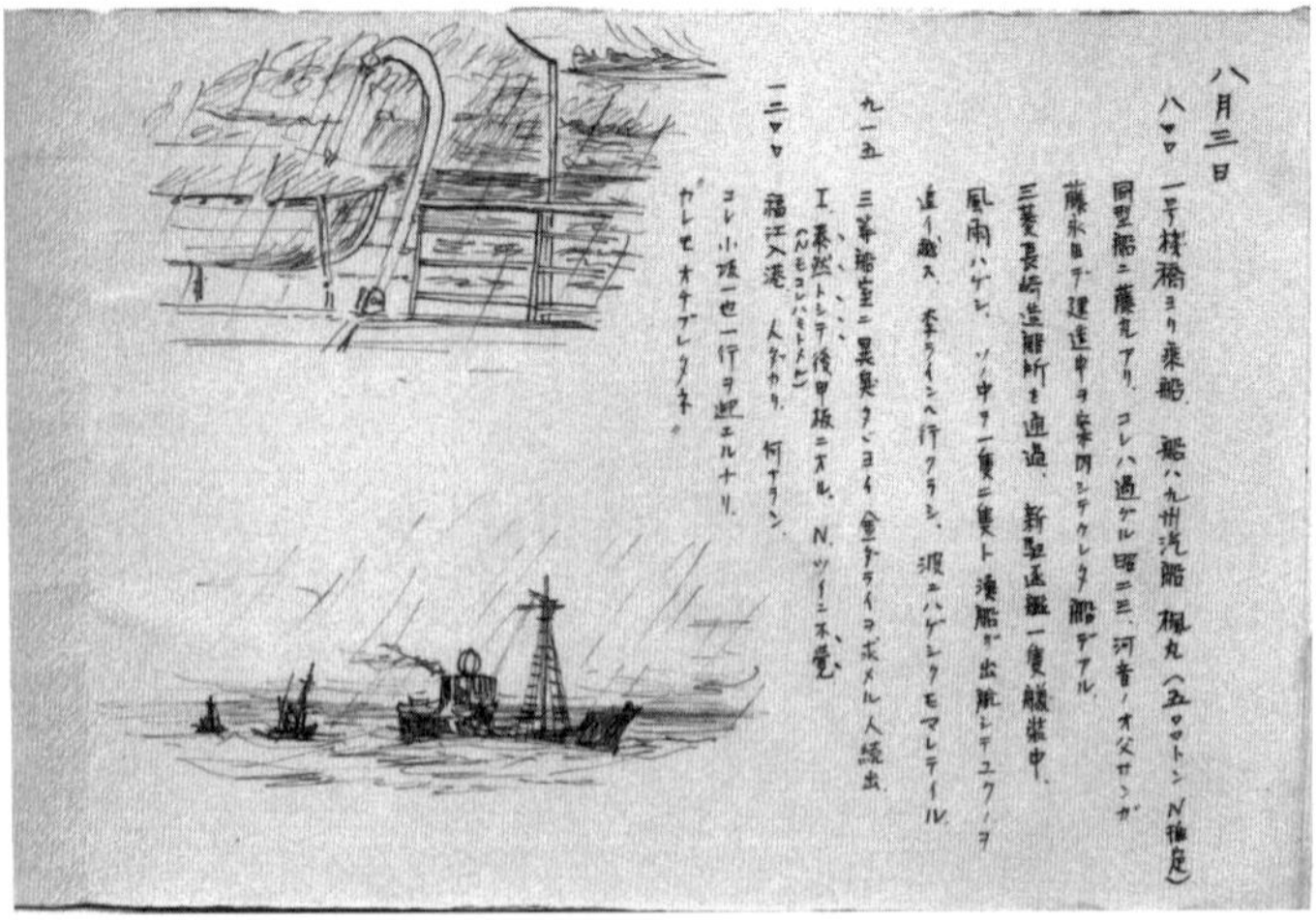

八月三日
八〇〇 一号桟橋ヨリ乗船 船ハ九州汽船 楓丸（五〇〇トン N推定）
同型船ニ藤丸アリ。コレハ過ゲル昭二三、河音ノオ父サンガ
藤永田デ建造中ヲ案内シテクレタ船デアル。
三菱長崎造船所ヲ通過。新型巡艦一隻艤装中。
風雨ハゲシ。ソノ中ヲ一隻ニ隻ト漁船ガ出航シテユクノヲ
追イ越ス。李ラインヘ行クラシ。波ニハゲシクモマレテイル。
九一五 三等船室ニ異臭タヾヨイ
I. 泰然トシテ後甲板ニオル。（Nモコレハミトメル） N.ツイニ不覚。
一二〇〇 福江入港。人ダカリ。何ナラン。
コレ小坂ニセ一行ヲ迎エルナリ。

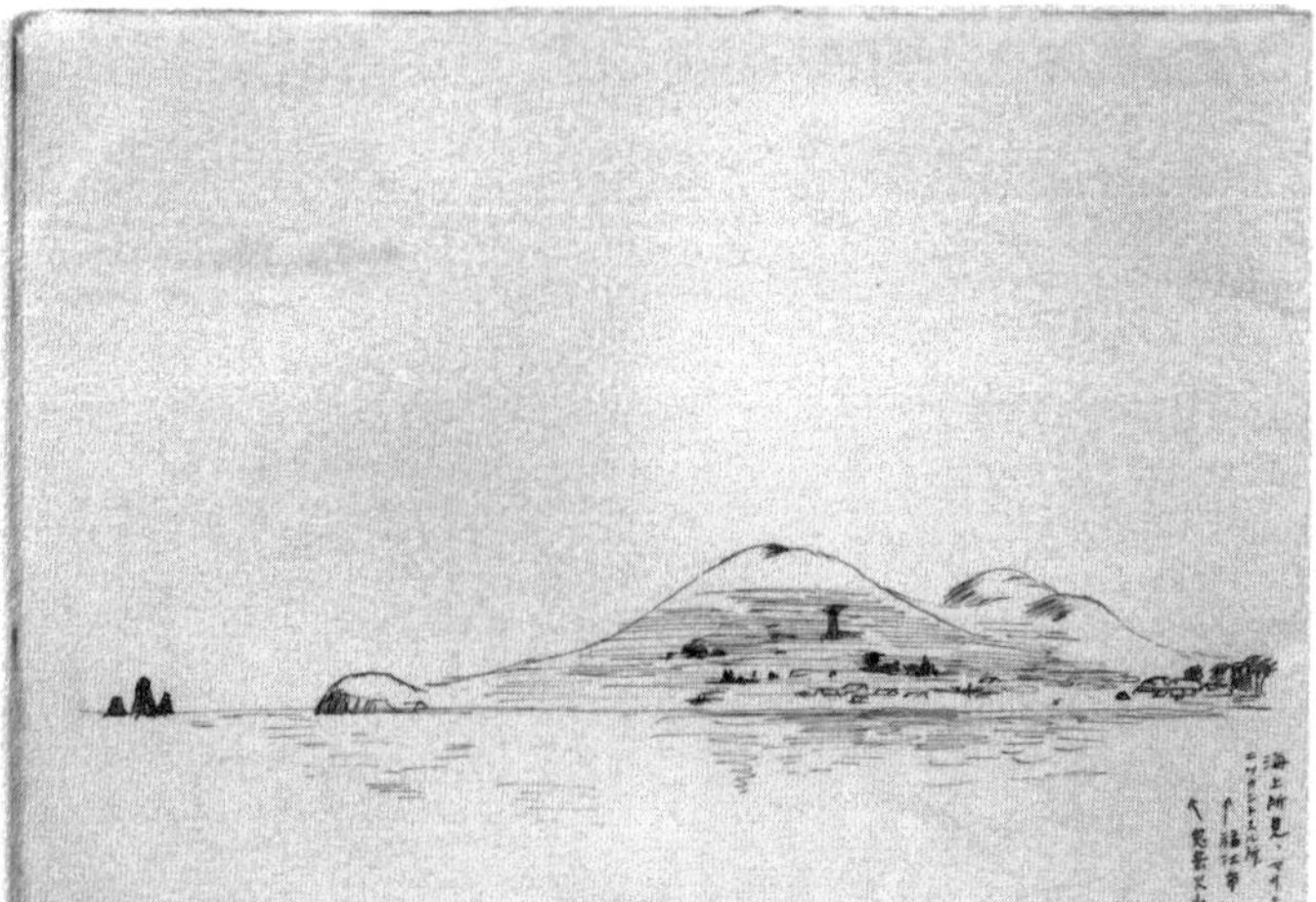

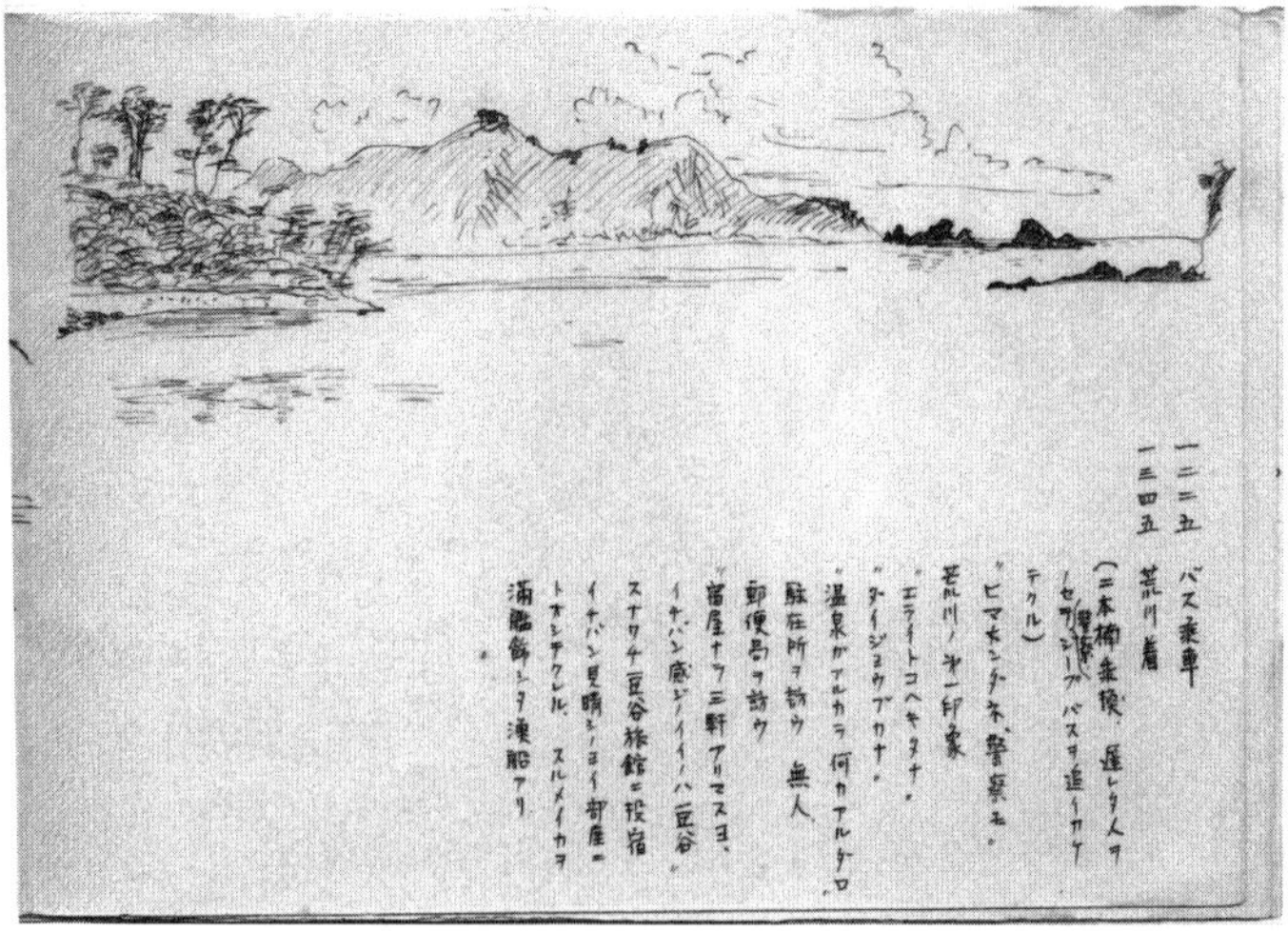
一二二五 バス乗車
一三四五 荒川着
（二本柳乗換、遅レタ人ヲ
ジープ バスヲ追イカケテクル）
〃ヒマナンダネ、警察モ。
荒川ノ第一印象
〃エライトコヘキタナ。
〃ダイジョウブカナ。
〃温泉ガアルカラ何カアルダロ。
駐在所ヲ訪ウ　無人
郵便局ヲ訪ウ
〃宿屋ナラ三軒アリマスヨ、
イチバン感ジノイイノハ豆谷。
スナワチ豆谷旅館ニ投宿
イチバン見晴シノヨイ部屋ニ
トオシテクレル。スルメイカヲ
満艦飾ニシタ漁船アリ

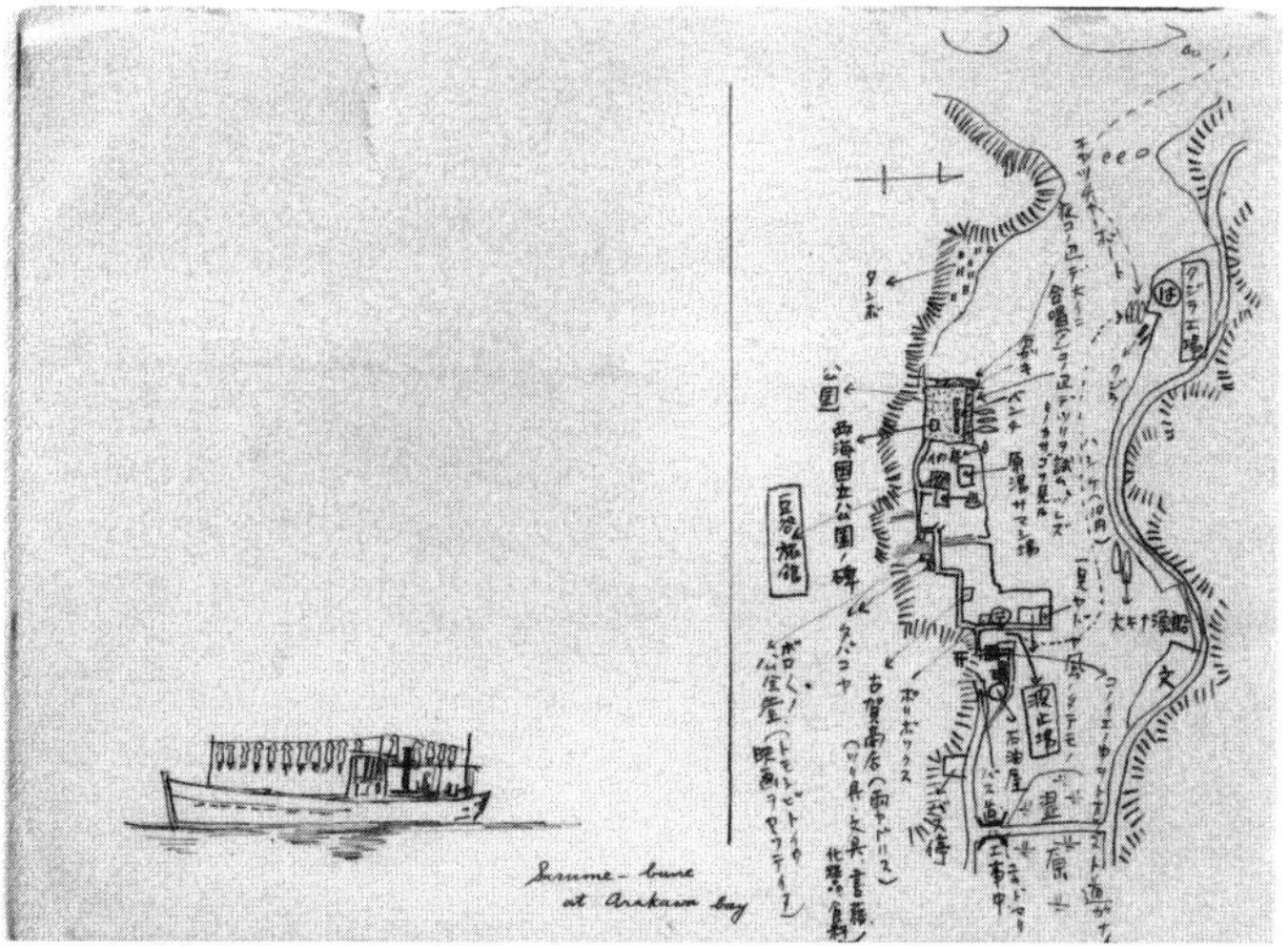
豆谷旅館
西海国立公園ノ碑
公園
波止場
大キナ漁船
文
Surume-bune
at Arakawa bay

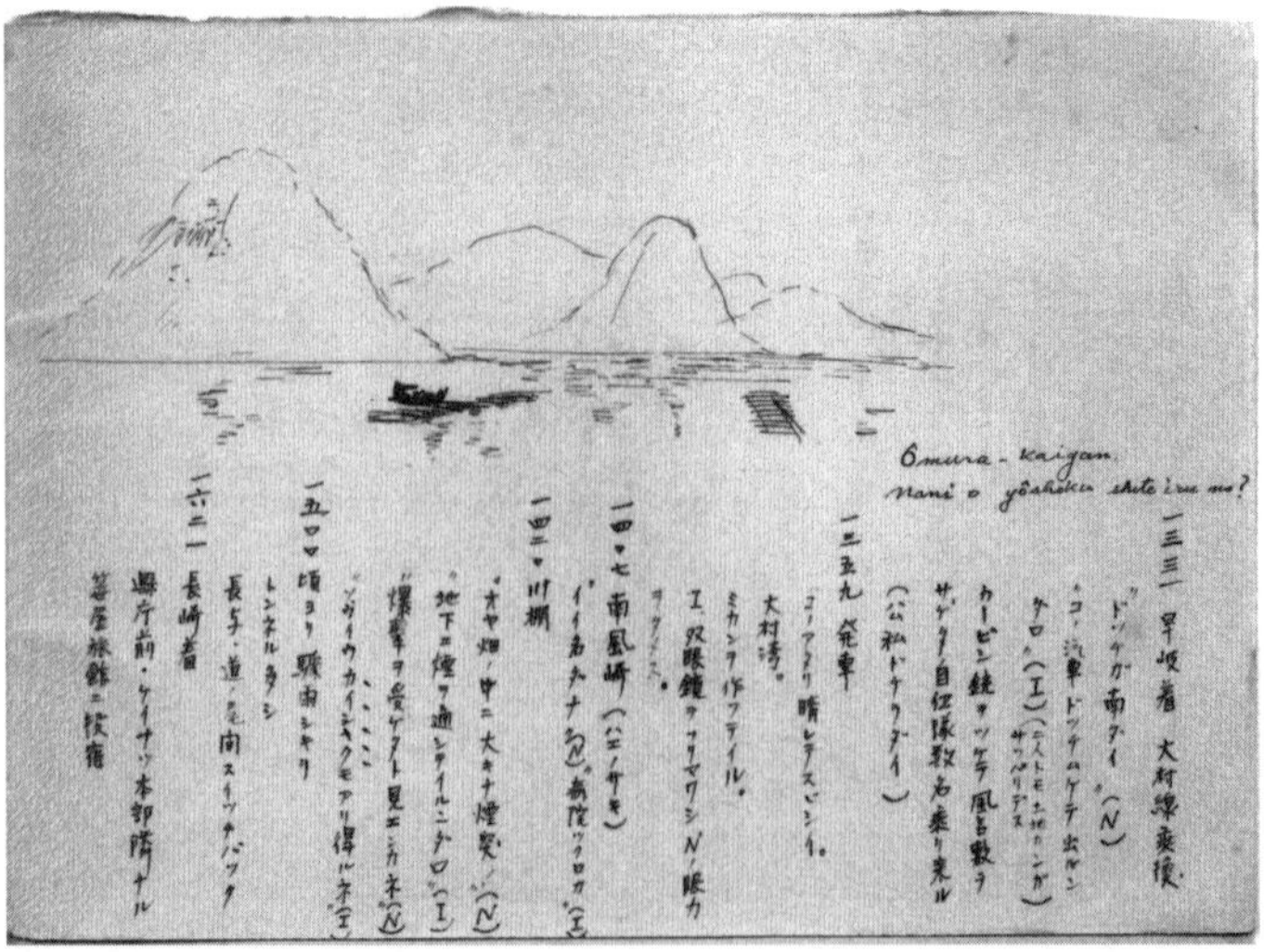
Ômura-kaigan
nani o yôshoku shite iru no?
一三三一 早岐着 大村線乗換
"ドンナガ雨ダイ"(N)
"コノ汽車ドッチノケテ出ルンダロ"(I)(二人トモ土地ノ者ダガサッパリデス)
カービン銃ヲツケテ風呂敷ヲサゲタ自衛隊数名乗リ来ル
(公私ドッチダイ)
一三五九 発車
コノアタリ晴レテスズシイ。
大村湾。
ミカンヲ作ッテイル。
一四〇七 南風崎(ハエノサキ)
"イイ名ダナア"(N)
一四三〇 川棚
"オヤ畑ノ中ニ大キナ煙突ガ"(N)
"地下ニ煙ヲ通シテイルンダロ"(I)
"爆撃ヲ受ケタト見エルカネ"(N)
"ソウイウカイシャクモアリ得ルネ"(I)
一五〇〇頃ヨリ驟雨シキリ
トンネル多シ
長与・道ノ尾間スイッチバック
一六二一 長崎着
県庁前・ケイサツ本部隣ナル
笹屋旅館ニ投宿

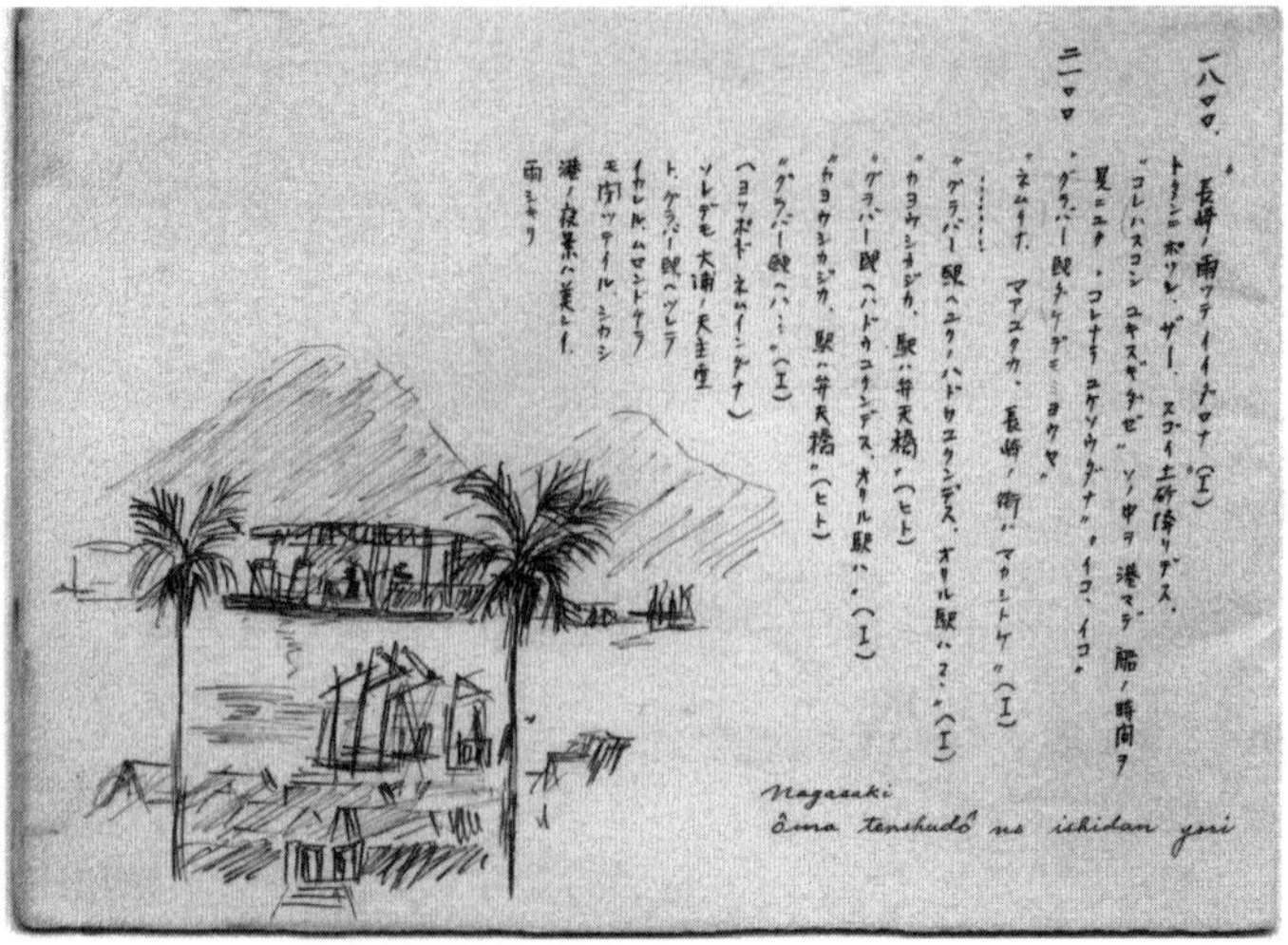
一八〇〇、"長崎ノ雨ッテイイナア"(I)
トタンニボツル・ザー。スゴイ土砂降リデス。
"コレハスコシユキスギダゼ" ソノ中ヲ港マデ船ノ時間ヲ見ニユク。"コレナラユケソウダナ"、イコ、イコ。
二〇〇〇、グラバー邸ナケデモミヨウヤ。
"ネムイナ、マアユクカ、長崎ノ街ハマカシトケ"(I)
"グラバー邸ヘユクノハドウユクンデス、オツル駅ハ？"(I)
"カヨウシカジカ、駅ハ弁天橋"(ヒト)
"グラバー邸ハドウユクンデス、オツル駅ハ。"(I)
"カヨウシカジカ、駅ハ弁天橋"(ヒト)
"グラバー邸ハ…"(I)
(ヨッポド ネムインダナ)
ソレデモ大浦ノ天主堂ト、グラバー邸ヘツレテイカレルハセントケテモ閉ッテイル。シカシ港ノ夜景ハ美シイ。
雨シキリ
Nagasaki
Ôura tenshudô no ishidan yori

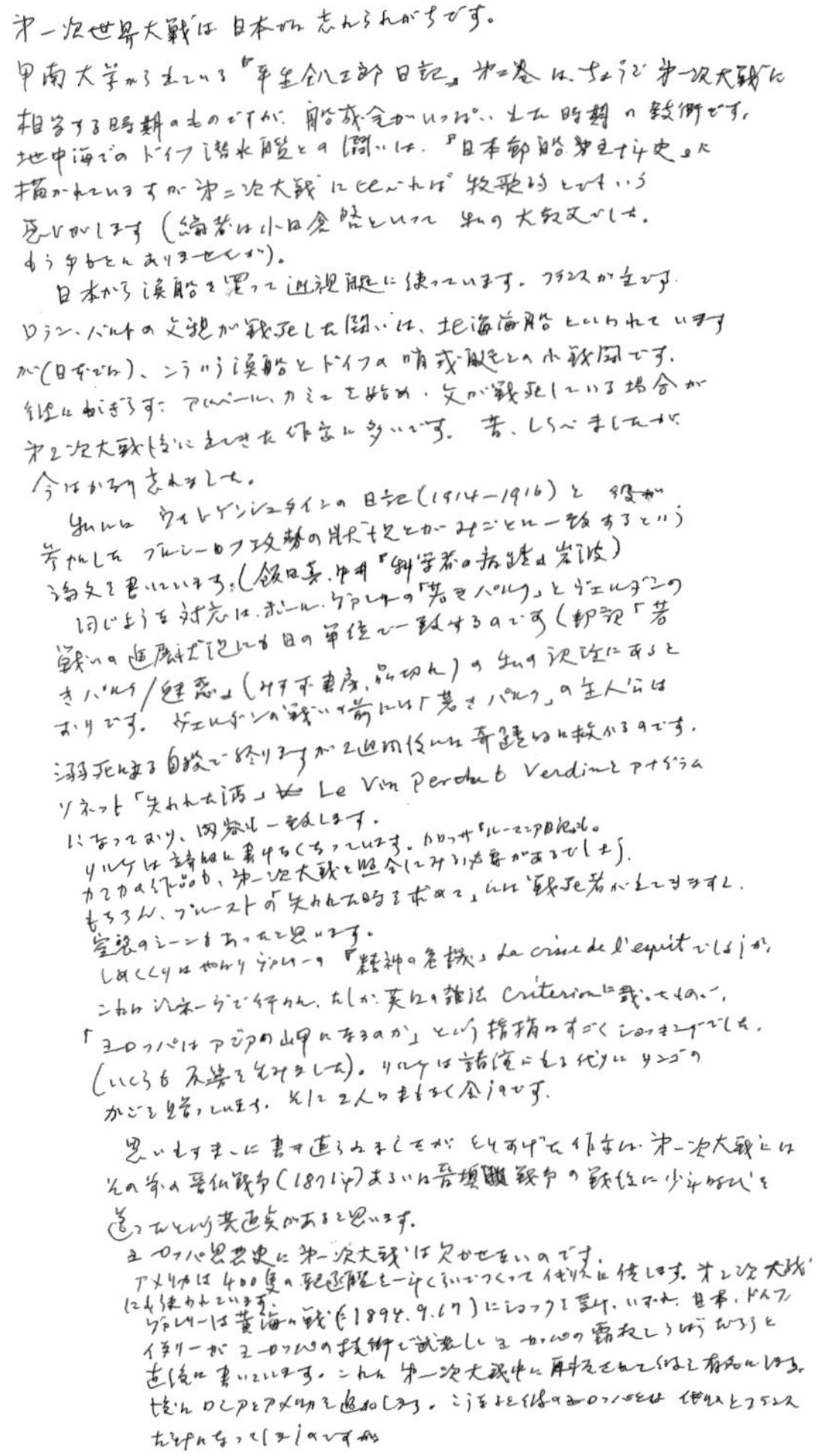

第一次世界大戦は日本では忘れられがちです。
甲南大学から出ている『平生釟三郎日記』第二巻は、ちょうど第一次大戦に
相当する時期のものですが、船成金がいっぱい出た時期の叙述です。
地中海でのドイツ潜水艦との闘いは、『日本郵船創業百年史』に
描かれていますが第二次大戦にくらべれば牧歌的とでもいう
感じがします（編者は小田倉晧といって私の大叔父でした。
もう知る人もありませんが）。
日本から駆逐艦を買って巡視艇に使っています。フランスが主です。
ロラン・バルトの父親が戦死した闘いは、北海海戦といわれています
が（日本では）、こういう駆逐艦とドイツの哨戒艇との小戦闘です。
彼に限らず アルベール・カミュを始め、父が戦死している場合が
第二次大戦後に出てきた作家に多いです。昔、しらべましたが
今はかなり忘れました。
私には ウィトゲンシュタインの日記（1914–1916）と彼が
参加したブルシーロフ攻勢の状況とがみごとに一致するという
論文を書いています（飯田真・中井『科学者の病跡』岩波）
同じような対応は、ポール・ヴァレリーの「若きパルク」とヴェルダンの
戦いの進展状況にも日の単位で一致するのです（邦訳「若
きパルク／魅惑」（みすず書房、品切れ）の私の訳注にあると
おりです。ヴェルダンの戦い以前には「若きパルク」の主人公は
溺死による自殺で終りますが2週間後には奇蹟的に救かるのです。
ソネット「失われた酒」Le Vin Perdu も Verdin とアナグラム
になっており、内容も一致します。カロッサ「ルーマニア日記」。
リルケは詩が書けなくなっています。
カフカの作品も、第一次大戦と照合してみる必要があるでしょう。
もちろん、プルーストの「失われた時を求めて」には戦死者が出てきますし、
空襲のシーンもあったと思います。
しめくくりはやはりヴァレリーの『精神の危機』La crise de l'esprit でしょうが、
これはジュネーヴで行われ、たしか英国の雑誌 Criterion に載ったもの、
「ヨーロッパはアジアの岬になるのか」という指摘がすごくショッキングでした
（いくらも不安を生みました）。リルケは講演に来る代りにリンゴの
かごを贈っています。互に2人はまもなく会うのです。
思いつくままに書き連ねましたが とりあげた作家は第一次大戦には
その前の普仏戦争（1871年）あるいは普墺戦争の戦後に少年時代を
送ったという共通点があると思います。
ヨーロッパ思想史に第一次大戦は欠かせないのです。
アメリカは400隻の駆逐艦を一年くらいでつくってイギリスに渡します。第二次大戦
にも使われています。
ヴァレリーは黄海の戦い（1894.9.17）にショックを受け、いずれ日本・ドイツ・
イタリーがヨーロッパの技術で武装しヨーロッパの覇権もうばうだろうと
直後に書いています。これは第一次大戦中に再刊されて俄に有名になる。
彼はロシアとアメリカを追加します。こうなると今のヨーロッパとは 独仏とフランス
たそがれになってしまうのですが

第一次世界大戦について綴った書簡（部分、2014年1月）。

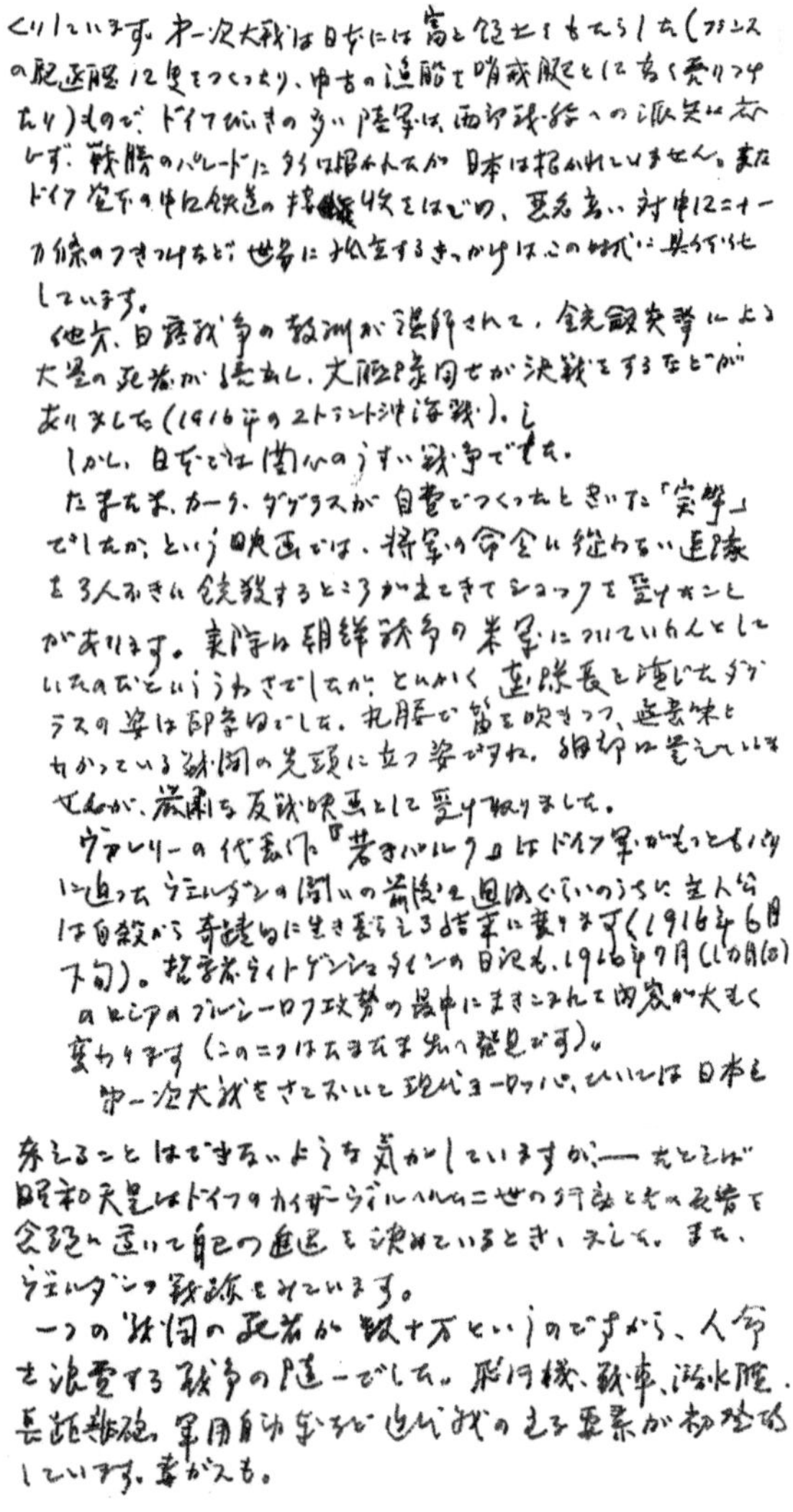
くりています。第一次大戦は日本には富と領土をもたらした（フランスの駆逐艦12隻をつくったり、中古の巡洋艦や哨戒艇をたくさん売りつけたり）もので、ドイツびいきの多い陸軍は、西部戦線への派兵に応じず。戦勝のパレードに多少は招かれたが日本は招かれていません。またドイツ帝国の中国鉄道の接収をはじめ、悪名高い対中二十一カ条のつきつけなど、世界に孤立するきっかけはこの時代に具体化しています。

他方、日露戦争の数倍が展開されて、全兵銃突撃による大量の死者が続出し、大艦隊同士が決戦をするなどがありました（1916年のユトランド沖海戦）。

しかし、日本では関心のうすい戦争でした。

たまたま、カーク・ダグラスが自費でつくったときいた「突撃」でしたか、という映画では、将軍の命令に従わない連隊を3人おきに銃殺するところがでてきてショックを受けたことがあります。実際は朝鮮戦争の米軍についていわんとしていたのだといううわさでしたが、とにかく連隊長を演じたダグラスの姿は印象的でした。丸腰で笛を吹きつつ、無意味とわかっている戦闘の先頭に立つ姿ですね。細部は覚えていませんが、痛烈な反戦映画として受け取りました。

ヴァレリーの代表作『若きパルク』はドイツ軍がもっともパリに迫ったヴェルダンの闘いの前後で迎えくていのうちに主人公は自殺から奇蹟的に生き返る結末に変えます（1916年6月下旬）。哲学者ヴィトゲンシュタインの日記も、1916年7月（6月4日）のロシアのブルシーロフ攻勢の最中にまきこまれて内容が大きく変わります（この二つはたまたま私の発見です）。

第一次大戦をさておいて現代ヨーロッパ、ひいては日本も考えることはできないような気がしていますが——たとえば昭和天皇はドイツのカイザーヴィルヘルム二世の行跡とその末路を念頭に置いて自己の進退を決めているとき、驚きました。また、ヴェルダンの戦跡もみています。

一つの戦闘の死者が数十万というのですから、人命を浪費する戦争の随一でした。飛行機、戦車、潜水艦、長距離砲、軍用自動車など近代戦の主な要素が初登場しています。考えも。

第一次世界大戦について綴った書簡（部分、2010年９月）。

あとがき

こんなのを本にしてしまった、という思いが年々強まる。もうあまり目立つのが気恥ずかしいので新たに本を出すことはずいぶんと躊躇された。

二〇一五年は、終戦から七〇年、神戸の震災からは二〇年の年にあたる。私の基礎には、戦争と戦後民主主義の体験があり、憲法がある。

「戦争と平和　ある観察」は甲南大学の人間科学研究所のもとめに応じて書いたものであり、「戦争と個人史」も同じプロジェクトのなかでの甲南大学の講演がもとになっている。甲南大学と兵庫県こころのケアセンターでは、ドイツからの共同研究の提案もあって、同じ敗戦国であるドイツとの比較研究などもすすめられている。

「私の戦争体験」これは、いままで書いてきたことや話してきたこともあるが、まとまった形で残した。私の親族のなかでなかば伝説化したような話もあるし記憶も間違っているところがあるかもしれない。祖父が大陸で何をしていたのか、父親がなぜ九死に一生を得て帰ってきたのか、いまだに解けない謎は多い。山本五十六がブーゲンビル島上空で撃墜されている。遺骨になってしまえば、それは陸軍主計科の管轄であるから、もしかしたら隊長が父親に、遺骨を運ぶためと称して駆逐艦をつけてくれたのかもしれない。

対談に応じてくれた歴史学者、加藤陽子さんに御礼をいいたい。加藤さんの昭和史の知識の適確さには感嘆した。

また、島田誠さんとの対談は、震災の三年後の一九九七年に雑誌の企画で行われたものである。島田さんは二〇一三年惜しまれながら店を閉じた神戸の書店、海文堂の元社長で生粋の神戸っ子である。阪神・淡路大震災のときには書店を一日でもはやく開けるようにしたという。

なお、ここに収録されたものの初出は以下のとおりである。初出の出版社には心より感謝申し上げる。また、長い付き合いになる人文書院編集部井上裕美さんにお世話になった。

I

戦争と平和　ある観察

（森茂起編『埋葬と亡霊――トラウマ概念の再吟味』（甲南大学人間科学研究所叢書）人文書院、二〇〇五年。『樹をみつめて』みすず書房、二〇〇六年に再録された）

戦争と個人史

（二〇〇七年五月一一日　甲南大学人間科学研究所主催　講演）

私の戦争体験（本書のための語りおろし）
対談　中井家に流れる遺伝子　×加藤陽子（本書のための対談）

Ⅱ

災害を語る（本書のための語りおろし）
災害対応の文化（『21世紀ひょうご』第一二号、公益財団法人ひょうご震災記念21世紀研究機構、二〇一二年、巻頭言）
対談　大震災・きのう・きょう　助け合いの記憶は「含み資産」　×島田誠（『WAVE117』創刊号、鹿砦社、一九九七年）

二〇一五年一月　神戸にて

中井　久夫

今回増補新装版において、新たに二つのものを追加した。

関西学院大学出版会連続シンポジウム第二回「生きるということ」（二〇〇〇年一月二〇日）の収録にあたり、関西学院大学出版会理事である田村和彦先生、編集部の戸坂美果さんに大変お世話になった（本書Ⅲ）。また、橋わたしをしてくださり対談相手をつとめられた海老坂武先生にも感謝したい。海老坂先生の戦争体験は『戦争文化と愛国心』（みすず書房）に詳しい。シンポジウムの活字化はすでに中井先生の許諾を得ていたものであり、今回単行本収録にあたっては、中井先生のご遺族、関西学院大学出版会にご快諾をいただいた。

また、ご遺族には本書に関連した中井先生のお写真やスケッチなどを快く提供して下さったことにも感謝したい。

本年逝去された中井先生のご冥福を心よりお祈りする。

（編集部）

中井久夫（なかい・ひさお）
1934年奈良県生まれ。2022年逝去。京都大学法学部から医学部に編入後卒業。神戸大学名誉教授。甲南大学名誉教授。公益財団法人ひょうご震災記念21世紀研究機構顧問。著書に『分裂病と人類』（東京大学出版会、1982）、『中井久夫著作集――精神医学の経験』（岩崎学術出版社、1984-1992）、『中井久夫コレクション』（筑摩書房、2009-2013）、『アリアドネからの糸』（みすず書房、1997）、『樹をみつめて』（みすず書房、2006）、『「昭和」を送る』（みすず書房、2013）、『いじめのある世界に生きる君たちへ』（中央公論新社、2016）、『中井久夫集 全11巻』（みすず書房、2017-19）など。訳詩集に『現代ギリシャ詩選』（みすず書房、1985）、『ヴァレリー、若きパルク / 魅惑』（みすず書房、1995）など。

戦争と平和　ある観察［増補新装版］

2015年8月20日　初版第1刷発行
2022年12月5日　増補新装版初版第1刷発行
2023年2月20日　増補新装版　第3刷発行

著　者　中井久夫
発行者　渡辺博史
発行所　人文書院
〒612-8447　京都市伏見区竹田西内畑町9
電話　075-603-1344　振替　01000-8-1103
印刷・製本　創栄図書印刷株式会社
装幀　上野かおる

ISBN978-4-409-34062-2　C0095
落丁・乱丁本は小社送料負担にてお取り替えいたします

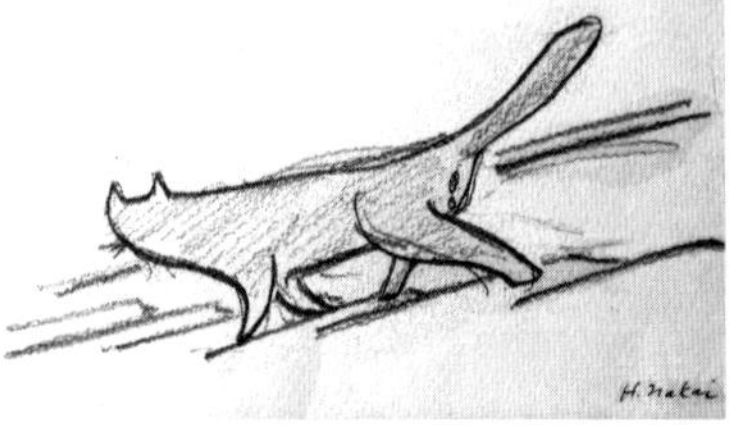
H. Nakai